사람의 향기

사람의 향기

김성옥 수필집

책을 내면서

다시 3번째 수필집을 엮습니다. 살아가면서 깨달은 것은 할 이야기가 많아진다는 것입니다. 진심을 담아 들려주고 싶은 이야기가 있습니다. 여기 실린 글들은 나의 사사로운 일들을 기록한 글들입니다. 일상에서 얻는 소소한 기쁨과 어려움, 여행하면서 보고 느낀 즐거움들이 담겨 있습니다. 살아오면서 듣고 배우고 터득한 삶의 교훈과 귀를 신선하게 해준 바람 소리 같은 말들을 다시 한번 새겨보는 버리고 싶지 않은 나의 유산들입니다.

등단한 지 어느덧 18년의 세월이 흘렀고 저도 노년에 이르렀기에 나의 삶은 느리고 단순해졌습니다. 떠들썩하지 않고, 소란하지 않고, 요란하지 않고, 변화스럽지 않고 나 홀로 단 한 번뿐인 생을 수필과 함께 보내고 있어 행복합니다. 저의 여생이 물 흐르듯 자유롭기를 소망합니다.

  나는 아직 미숙한 점이 너무 많아 부끄러움이 앞서나 향기 나는 작품을 위해 열정적으로 글을 씁니다. 이 글을 통해 인생을 공명하는 진솔한 이가 있기를 바라는 마음 간절합니다.

  나를 이끌어 주시고 격려로 글 쓸 힘을 주시는 정목일, 김영중 두 분 선생님께 깊은 감사를 드립니다. 책의 멋을 내어주신 벤 박 화가님, 든든한 버팀목이 되어주는 내 가족들에게 감사와 사랑을 보냅니다.

2025년 8월에

김성옥

축하의 글

삶에 대한 넉넉한 포용의 마음과 적정한 해석

유성호

문학평론가 · 한양대학교 국문과 교수

김성옥의 수필에는 진솔한 고백을 통한 투명한 자기 확인의 과정이 있고, 특정 토픽에 대해 경험적 언어를 건네는 친화의 의지가 있다. 우리의 눈과 귀를 울리는 그의 명편들은 한결같이 이러한 투명성과 소통 지향성을 가지고 있다. 이때 고백과 친화의 내용이 우리의 삶에 젖어 들어와 새로운 충격과 변형을 선사하는데, 이는 그가 흔치 않은 감동과 깨달음의 순간을 기억할 만한 문장으로 제시하고 있기 때문이다.

가령 작가는 「하늘 바라보기」에서 자신의 글쓰기는 "순간을 영원으로 붙잡아" 놓으면서 "어떤 신비한 힘이 내게 닿은 듯"한 찰나를 통해 "무언가 사랑해야 한다고 자신에게" 말하는 과정임을 고백하고 있다. 「사람의 향기」에서는 "세상에 태어날 때 그 처음 모습으로 돌아가는 것을 여생의 목표로 삼아야" 하고 "나와 돈독해지는 것 그 또한 사랑이기에 감사하게" 된다고 말한다. 따라서 "사람의 향기는 얼굴이나 몸에서가 아니라 인격에서 흘러나온다."라고 할 때 그것은 '작가 김성옥'의 자기 증명이요 다짐이라고 할 만하다. 모두 세상과 스스로를 향한 신비로운 사랑의 힘이 빛나는 작품들이다. 그러니 그에게 수필이란 "지금 이 순간이 얼마나 다행이고 소중한지"(「어제와 오늘이 다른 세상」)를 알려주는 존재론적 행위라고 해야 할 것이다.

노년의 여인 다섯이 나누는 인생의 여러 국면이 입체적으로 펼쳐진 「결혼 이야기」, 태평양 한구석에 닻을 내려 물고기를 잡는 무한의 기다림을 통해 돌아가신 아버지를 떠올린 「아버지와 낚시」, 작가 나름대로 행복한 날이었던 어떤 하루를 섬세하게 각인한 「일탈의 행복」 등 김성옥의 수필은 작가 고유의 인생론적 의미와 가치를 아름답고 숭고하게 붙들어간 오랜 시간의 기록으로 다가온다.

이 모든 것이 삶에 대한 넉넉한 포용의 마음과 적정한 해석 그리고 문장의 매혹이 함께 결속되어 있는 반듯하고 고전적인 수필 세계가 아니겠는가.

축하의 글

누군가의 쉼표로,
누군가의 작은 등불로

최원현

수필가·문학평론가 · 한국수필창작문예원장 · 사)한국수필가협회 제7대 이사장
사)한국문인협회 제27대 부이사장 · 재)국립세계문자박물관 이사

재미 수필가 김성옥 선생의 세 번째 수필집 『사람의 향기』 출간을 깊이 축하합니다. 등단한 지 스무 해, 느리지만 진득한 걸음으로 쌓아 오신 삶의 기록이 또 한 권의 책으로 우리 곁에 왔습니다. 이 책은 '사사로운 일상'에서 피어난 성실한 사유와 길 위에서 건져 올린 온화한 통찰들로 가득합니다.

책을 넘길 때마다 드러나는 것은 번쩍거리는 화려함이

아니라 오래 묵은 술처럼 깊고 은은한 향입니다. '사람의 향기'라는 제목이 참으로 의미롭습니다. 김성옥 선생은 일상이라는 조용한 삶의 부엌에서 작은 재료들을 다듬어 때로는 쓴맛으로, 때로는 단맛으로 삶의 풍미를 되살려 냅니다. 가슴앓이와 기억의 파편들, 여행지에서 마주한 풍경과 만남들, 그리고 노년의 고요한 소망까지 모든 것이 사람 냄새와 시간의 흔적을 품고 있습니다.

특히 인상적인 것은 김성옥 선생이 고집스럽게 지켜온 '겸손한 온도'입니다. 세상은 자주 큰 소리로 말하고, 독자의 시선을 끌기 위해 과장과 수사를 늘어놓지만 이 책은 조용히 귀를 기울이면 더 많은 것을 들려줍니다. 「가슴앓이」와 「노년의 불청객, 기억상실」 같은 글에서는 고통과 두려움이 소박한 문장으로 빛나며, 「무지개를 보는 가슴에」나 「하늘 바라보기」에서는 작은 순간들이 어떻게 삶의 위안이 되는지 보여줍니다. 김성옥의 문장은 김성옥의 말과도 닮아있습니다. 과하지 않지만 진심이 전해지는 목소리들입니다.

또 하나 눈에 들어오는 것은 시간과의 온화한 동행입

니다. 김성옥은 '나이'와 '기억' 앞에서 투쟁하기보다 그것을 따뜻하게 껴안고 함께 걸어가자는 태도를 취합니다. "주위 사람들에게 걱정이나 폐를 끼치며 오래 사는 건 정말 원하는 일이 아니다"라는 고백은 솔직하고도 겸허합니다. 동시에 "하루의 삶이 고맙고 큰 욕심도 수그러든다"라던가 비단 노년의 소망뿐 아니라 모든 세대가 배워야 할 인생의 지혜를 전합니다. 이 책은 거대한 결론을 강요하지 않습니다. 대신 작은 깨달음들을 접시 위에 하나씩 올려놓고, 독자가 각자의 속도로 맛보게 합니다.

여행담에서 드러나는 유머와 관찰력도 빼놓을 수 없습니다. 고생담이 드라마가 되고, 소박한 일탈이 삶의 활력으로 전환되는 장면들에서는 김성옥의 삶과 글쓰기가 어떻게 서로를 살찌웠는지 느껴집니다. 특히 여행에서 "느긋한 방식"을 택하는 연륜은 속도를 낮추었을 때 보이는 것들의 선명함을 일러 줍니다.

이 책의 여러 글들에서 반복되는 주제는 '관계'와 '나눔'입니다. 김성옥은 자신의 삶이 타인에게 부담이 되지 않기를 바라는 동시에, 누군가에게 작지만 따뜻한 도움이 되기를 원합니다. 그것은 욕심이 아니고, 오히려 가장 겸손한 바람으로 함께 살아가는 공동체에 대한 섬세한 연민입니다. 이러한 태도가 글의 곳곳에 자연스레 배어 있어, 독자들은 읽는 동안 여러 사람의 얼굴과 목소리를 떠올리게 될 것입니다.

마지막으로, 이 책은 김성옥 선생의 '글쓰기의 신념'을 확인시켜 줍니다. "향기 나는 작품을 위해 열정적으로 글을 씁니다."라는 고백은 단순한 겸손이 아니라 지속해 온 창작의 태도입니다. 긴 세월을 견뎌 온 꾸준함이 빚어낸 문장들은, 때로 우리가 잊고 지냈던 삶의 향기들을 다시금 기억하게 합니다.

김성옥 선생이 세 번째 수필집을 엮어 내신 것에 다시 한번 깊은 축하를 드립니다. 이 책이 많은 이의 가슴에 작은 등불이 되고, 바쁜 일상에 놓인 누군가의 쉼표가 되기를 바랍니다. 더불어 김성옥 선생이 바라는 대로 남에게 폐를 끼치지 않으면서도 따뜻하게 나눌 수 있는 날들이 오래도록 이어지기를 기원합니다.

책을 펼친 모든 이들이 김성옥 선생의 삶에서 풍겨 나

오는 그 '사람의 향기'를 맡고, 각자의 하루를 조금 더 다정하게 들여다보는 계기를 얻었으면 합니다.

다시 한번 출간을 축하하며, 더욱 건필 하시길 바랍니다.

차례

책을 내면서　4
축하의 글 | 유성호　6
　　　　　최원현　9

> 사람의 향기 … 18
> 자신 있게 … 23
> 거소증 … 27
> 아버지와 낚시 … 33
> 용기가 필요해 … 39
> 사랑한다 … 43
> Love You All … 48
> 이기면 지지 않아 … 54
> 한마디의 말 … 58
> 얼굴이 없다 … 63
> 동감 … 67
> 어제와 오늘이 다른 세상 … 72

우리들의 얼굴 … 76
세월의 흔적 … 80
결혼 이야기 … 86
일탈의 행복 … 92
코로나 시, 여행의 단상 … 98
마지막 날 … 104
다시금 새겨본다 … 108
저무는 날에 빛나는 우정 … 113
촛불 난로 … 118
노년의 불청객, 기억상실 … 123
개인과 사회를 망가트리는 사람들 … 128
하늘 바라보기 … 134

뭐가 뭔지요 … 139

숙명이라 … 144

무지개를 보는 가슴에 … 149

말하지 말 것 … 153

하면 되는 법 … 158

가슴앓이 … 165

헛되고 헛되니 … 169

8월을 돌아보며 … 173

2022년 11월 … 178

2023년 11월 … 183

2024년 11월 … 188

2025년 11월 … 194

사람의 향기

김성옥 수필집

사람의 향기

나의 삶의 자리에서 내게 주어진 역할에 본분을 다하고 내가 할 일을 말끔하게 해놓고 싶지만 기대만큼 쉬운 일이 아니다. 솔선수범보다 입으로만 하지 않았나, 쓴소리하며 나서지 않았나, 지금까지 살아온 날들에 흠이 많았는지 생각의 골이 깊어진다. 제대로 하지 못하면 결과는 언제나 좋지 못하기에 더욱 신경을 쓰게 된다.

이제는 진지하게 반성하며 내세우지 않고 덮어가며 속으로 알차게 영글 때가 아니던가. 예측할 수 없는 장래 일보다 지난 세월의 일들을 돌아보는 것이 더 간절하고 아쉬움이 큰 요즘이다. 의미 없이 세월만 허송하며 살아온 삶이라면 보람과 열매가 없는 껍데기만 남은 생이 아니겠나 싶다. 얼마나 억울하고 속상할까. 나이는 거저먹는 게 아니다. 대가를 크게 치를수록 배우게 되고 경험이 늘어난다. 옛 어른들이 학벌은 짧아도 지혜로운 것은 경험을 통해 몸소 얻은 체험이라 탄탄한 기틀이 되었기 때문이다

버리고 치운다 해도 잡살뱅이들은 여전히 한구석을 차지하고 있다. 쓰지도 않으면서 몇 년을 쳐다만 보고 살아온 저 많은 것들! 아까워서, 언젠가 쓸 것 같아서, 버리고 나면 필요할까 봐 이런저런 이유가 적지 않다.

이 작은 몸 하나 살면서 왜 이리 필요한 게 많은지 스스로 놀란다. 애틀랜타 사는 친구는 자기는 옷걸이에 입던 옷과 신발 서너 켤레만 내다 버리면 모든 상황 끝이라고 나보고 제발 정리 좀 하라고 성화를 댄다.

하지만 버려도 또 채워지니 이 무슨 조화인지… 무조건 사는 것도 자제하고 주는 것도 사양하든지 남을 주든지 해야 어느 정도 숨통이 트일 것 같다. 견물생심이라고 눈으로 보면 뒷생각 없이 집어 들고 온다. 결심이 아무 제약 없이 무너지는 경우가 허다하니 정말 의지가 약

한 일이다.

　유명 인사가 아니어서 그리 많은 사람을 만나고 살지는 않았지만 그래도 인연이 닿은 사람들을 통해 기쁨도 있었고 아쉬움도 있었음을 고백한다. 사람마다 내게 향기와 악취를 준 경우가 기억된다. 사람 정리도 어려운 일중 하나이고 만남도 조심스럽기만 하다. 나 자신에게 찾지 못한 만족을 상대방을 통해 얻으려 했던 어리석음으로 끌려다닌 경험도 허다하다. 그 감정 자체는 옳고 그름이 없지만 결과를 통해 얻어지는 상처는 작지 않기 마련이다. 상황을 인정하고 불안해하지 말아야 할 요건이건만 자신감의 부족에서 오는 현상이었으리라.

　삶의 그릇에 성공이란 단어를 담지 않아도 좌충우돌하며 우왕좌왕한 날들이 이젠 잘 살아온 날들이다. 피할 수 없으면 즐기라는 말처럼 일상의 소리가 사라진 때를 감사하게 된다.

　햇살이 지나가는 거리에는 꽃향기와 함께 봄의 자취가 가득 안겨 온다. 다리 근육이 튼튼해야 장수한다고 단련으로 걸으라 한다. 부실한 걸음걸이에 힘을 실어주려 동네 한 바퀴를 돌았다.

한창 피어나는 오렌지 나무의 하얀 꽃에서 쏟아지는 진한 향기는 새콤달콤하다. 덩달아 기분이 상큼해진다. 힘 빠지고 가라앉은 마음에 새로운 활기를 얻는다. 한 그루의 과실수처럼 나 자신도 이렇게 살아왔는지 하늘을 쳐다보게 된다.

내 것만 채우려고 나만 좋자고 하는 발상은 비판의 대상이 되곤 한다. 남과 비교하지 말고 어제의 나와 비교하는 것이 옳은 줄 알면서도 늘 대상은 내가 아닌 남이니 피곤한 길을 걸어온 과거의 사연들이다. 이제는 그 모습 그대로 묻어두고 말끔하게 노후를 정리하며 고슬고슬한 마른 땅같이 무시로 격에 맞는 시간을 만들어 가고 싶다.

자기의 꿈을 이루지 못한 것, 도전하지 못한 것, 용서하지 못한 것, 사랑을 더 나누지 못한 것, 있을 때 좋은 감정을 표현하지 못한 것, 미리 극심 걱정하며 우려한 것, 화목하지 못한 것…. 마지막에 후회한다는 이 많은 이유들이 내겐 적었으면 하고 소원한다. 남길 것도 남겨줄 그 어떤 것도 없지만 따뜻한 마음으로 살았노라 말해주고 싶다.

꽃의 향기는 바람이 전하고 사람의 향기는 마음이 전한다.

자신 있게

우리가 사는 21세기는 아날로그 시대에서 디지털 시대로 바뀌었다. 아날로그 세상에서 살던 나는 대범하게 주어진 일에 앞장서서 용기 있게 '빨리빨리'를 외치며 속전속결로 맡겨진 내 몫을 자신 있게 감당했었다.

디지털 세상이 된 후로는 내가 잘할 수 없는 부족함의 소치로 지금은 뒷자리에서 시키는 대로 하는 것이 속 편하고 일의 능률도 오른다는 생각이다. 더군다나 새로운 일의 적응력이 떨어지고 어렵기만 하니 좌절감이 앞서며 자신이 없어진다.

말 한마디와 손가락 하나로 척척 해결하는 컴퓨터 일은 부럽기도 하거니와 세상의 빠름을 인식하지 않을 수 없다. 사사건건 자녀들의 도움을 받는 처지에서 벗어나고 싶기에 애를 쓰며 배우려고 결심을 해도 작심삼일이 되고 만다. 목마른 사람이 우물을 판다는 옛말이 무색할 정도로 그냥 포기해 버리는 한심스러운 내 모습이다. 제대로 모르니 더 불편하고 답답함에 좌불안석이 될 때가 허다하며 괴로운 세상이 된다. 정말 아는 것이 힘이 되니 배우고 따라가야 하는 현실이다.

모른다는 일이 얼마나 나 자신을 초라하고 힘들게 만드는지 깨닫고 보니 생명이 있는 한 배워야 한다고 생각한다. 원하는 것이 아니 될 때와 욕구의 결핍이 심하면 사람은 목이 마르게 된다. 글을 쓰다 보니 더욱 지식의 갈증으로 사막 한가운데 서 있는 처지가 되는 느낌이다. 말이 많으면 궁핍해지니 속으로 삭이고 혼자 몸살을 앓아보며 버티어 본다. 깨닫는 날까지 하다 보면 이루어지니 끈질긴 인내와 시간이 필요할 것 같다. 조바심과 포기는 당최 맞는 말이 아니니 도전정신을 가져 보기로 한다. 도전을 통하여 성취감과 행복감도 얻을 수 있기 때문이다.

좋은 세상에 살고는 있지만, 디지털 문화에 익숙하게 합류하지 못하는 내 경우는 마치 새로운 세상을 건너는 것같은 힘든 세상이 되었다. 용기 내어 배우는 그 순간엔 알만하여 고맙다고 말을 하곤 돌아서면 잊어버린다. 세월의 선물로 받은 나이에서 오는 영향일까. 오늘의 슬픈 내 모습에 스스로 기가 막혀 한숨만 내뱉는다. 그냥 버티고 살아보자는 배짱의 심정도 들기는 하지만 답답한 일들이 수없이 일어나니 그런 마음도 오래가지 못한다. 의존하며 집착이 안 되도록 내 나름대로 노력하고 뜻을 갖지 않으면 안 되는 일이다.

미국에는 육군, 공군, 해군, 해병, 해안 경비대와 우주군이 있다고 한다. 우주에 떠다니는 우주 쓰레기를 관리하는 우주군이 있다니 내 마음에 우후죽순 자라고 있는 부정적인 요소를 관리해 주는 그런 군대가 필요한 듯싶다. 그것은 포기하지 않는 열심이라고 생각한다.

그 열심을 지난 파리 올림픽 때 우리나라 양궁 선수들의 경기에서 보고 큰 감동을 받았다. 한 번의 활시위를 당길 때마다 과녁을 쳐다보는 그 눈빛은 열과 성을 다해 얻은 혼이 서린 빛이었다. 중앙을 향해 날아가서 꽂히는 그 위력은 수 없는 노력과 실패와 좌절을 통해 얻은 땀의 결과라는 뜻이었다. 어려움은 성장하는데 필요한 기회라고 한다. 한 선수마다 시합에 나갈 때 코치가 해주던 말을 나는 잊을 수가 없다. 그 말을 우리 딸이 종이에 적어 필기구 통에 붙여 놓았다. 옆에서 힘없이 주저앉을 때, "엄마! 하실 수 있어요. 된다니까요. 누구나 처음에는 다 못해요. 시작이 반이니 벌써 반은 하신 겁니다." 딸의 사려 깊은 말은 나에게 큰 위안과 용기를 준다.

아는 만큼만 쓰고 그만큼만 살다 간다고 해도 모르는 게 무한이니 배운다는 길에서 서성이다 말 일이 아니다. 부족함이 있다는 것은 변화를 만들어 낼 가능성을 의미하지 않은가. 초심을 잊지 말고 눈앞에 써 있는 "자신 있게."라는 양궁 코치의 외침의 소리를 되새기며 책을 읽고 사색을 하며 글을 쓴다.

거소증

몇 해 전부터 한국 방문이 해마다 이어졌다. 작년엔 세 번이나 오게 되었다. 갑자기 급한 일이 생기기 때문이었다. 올 때마다 걱정되는 것은 아프면 병원 가는 일이었다. 의료보험이 없으니 모든 걸 외국인으로 해결해야 한다. 대책 없이 일어나는 의료사고는 모두 내 부담으로 큰 짐이 되기에 여간 조심스러운 일이 아니었다.

한편으론 한국에서는 치료 과정이나 서비스가 좋고 모든 대화를 편하게 할 수 있는 이점이 적지 않았다. 혈액 검사 하나를 해도 책자로 엮어 자세한 설명을 해주니 내 몸을 내가 볼 수 있는 것 같아 속시원하고 장시간 기다리는 불편도 덜어주었다.

점점 병원 찾는 일도 잦아지고 여기저기 고장 나는 일 또한 늘어나니 고국이 내게는 노후를 위해 안성맞춤이라는 생각이 들었다.

주위에 여러 어르신이 고국에서 여생을 보내고 뼈를 묻겠다며 역이민하러 가신 분들이 있어 만나 뵈었다. 물론 적응을 못 하고 다시 돌아오신 분도 계시지만 여러 시설에 만족하신 분들이 많았다. 음식과 언어와 아직은 미국만큼 부담이 안 되는 주택문제와 의료 시설 등.

용기를 얻어 자녀들이 아직은 한국 와서 살아야 할 여건이 안 되니 우선 내가 먼저 가서 터를 마련해 놓을까 하는 마음에 거소증을 신청하고 기다렸다. 많은 서류가 필요치 않아 간단하게 접수했다. 노년에 와도 우리를 받아주는 나라가 있다는 것에 기쁨이 컸다. 나라 잃은 사람들을 생각해 보니 선조들이 피 흘려 지켜주신 은혜가 실로 와 닿는 기회가 되었다. 이젠 도저히 찾을 수 없는 터전 잃은 백성들이 난민이 되어 힘겹게 살며 눈물로 고국을 그리는 사연이 마음 깊숙이 찾아 들었다.

미국은 한국이나 베트남, 아프가니스탄, 시리아를 비롯

해 아프리카나 중남미의 여러 나라에서 찾아온 난민들이 정착해 마을을 이루고 산다. 자신들의 풍속을 지키고 알리며 동고동락하며 사는 미국은 합중국이 아닐 수 없다. 정부가 점점 이민 문호를 닫으려고 노력을 해도 여러모로 쉽지 않은 일이다.

과거 독일, 일본이나 소련처럼 침략해서 땅을 차지한 제국주의가 아닌 개척해서 일군 땅덩어리를 가진 미국이라 해도 역사를 보면 아픔이 많다.

루이지애나를 프랑스로부터 1,500만 달러에, 알래스카를 소련에 720만 달러에, 애리조나와 뉴멕시코주를 멕시코로부터 사들이고 테네시를 스페인으로부터 사고 인디언들은 서부로 내쫓는 눈물의 길을 만들었다. 괌, 푸에르토리코, 사모아, 캐롤라이나 제도 등도 미국의 영토가 되어 전 세계에 800여 개의 군사기지를 형성했다니 소련 등 다른 나라의 30여 개의 기지보다 많고도 많다. 그곳에 사는 사람 중엔 대통령을 선출할 투표권이 없는 이도 있다니 온전한 국민이 아닌가 하는 생각이 든다. 요즘엔 그린란드까지 넘보며 근처 국가들을 대하는 태도가 다르니 문제가 될 것 같다. 전쟁으로 남의 영토를 빼앗는 일이 벌어지는 현실에 백성들의 아픔을 보니 안타깝고 속상한 마음이 든다. 남의 것을 탐내지 말고 내가 가진 것에 만족하며 살아야 하는 것은 한 사람의 일보다 국가들도 그러길 바라본다.

거소증을 먼저 받고 이중 국적자가 되고 싶어 서류를 제출하니 65세의 한국 국적이었던 사람은 쉽게 신청이 되었다. 베트남 여행도 미국 여권이 아닌 한국 여권이면 비자 없이 갈 수 있고 그보다 더 많은 나라도 갈 수 있다. 한국의 위상이 새삼 느껴진다.

미국 50개 주 어디를 가도 쉽게 눈에 띄는 기아나 현대 자동차들을 보고 품질 좋은 한국 상품을 만나면 어깨가 절로 으쓱해지는 건 내 나라가 있는 자부심이지 않을까 한다.

그동안 내 이름으로는 열지 못했던 은행거래 통장과 휴대전화기를 받고 나니 다시 한국 국적 회복으로 편해질 것 같은 이상야릇한 감정이 생긴다. 공식적인 체류 자격이 생기고 신분증을 받으니 여기서 나를 인증할 수 있는 수단이 되었다. 하지만 서너 달 살다 보니 아무래도 이방인 같은 정 붙이기 어려운 현실도 느껴진다. 모든 생활비를 미국에서 가져와 살지만, 피해를 준다고 오해하는 일과 사람과 사람 사이에 벌어지는 틈은 메우기 쉽지 않다. 좋고 나쁨을 따지는 것보다 내게 주어진 미국과 한국의 삶에 감사하고 고마운 마음이 실로 크기에 불평은 있을 수 없다고 생각한다.

마지막에 후회한다는 이 많은 이유들이 내겐 적었으면 하고 소원한다. 남길 것도 남겨줄 그 어떤 것도 없지만 따뜻한 마음으로 살았노라 말해주고 싶다.

꽃의 향기는 바람이 전하고 사람의 향기는 마음이 전한다.

아버지와 낚시

모처럼 낚싯대와 릴을 챙겨 바다로 갔다. 어둠이 가시지 않은 미명에 배를 타고 태평양으로 나가 닻을 내리고 펄떡이는 산 멸치를 걸어 줄을 던졌다. 무한의 기다림이다. 입질을 해도 건져 올려 내 발 앞에 놓아야 잡은 것이다. 끌어 올리는 중 어디선가 물개가 나타나 낚아채 가기도 하고 번개같이 나타난 물새나 펠리컨이 물고 달아나는 통에 엄한 새까지 잡아 해결해야 하는 귀찮은 경우도 생긴다.

시기별로 조절하는 생선들의 생김새와 이름을 알고 또 법적인 크기에 맞는지 따져볼 게 몇 가지 된다. 낚시 배에서 일하는 사람들이 도와주지만 애써 잡은 게 아까워

슬그머니 망태기에 넣는 사람도 없지 않다. 걸리면 벌금형! 쓸데없는 욕심이 그럴 것이다. 법은 지키라고 만든 것이지만 어겨야만 하는 이유도 천차만별이다.

　육지와 분리된 바다에 나가면 많은 제한이 따른다. 선장이 데리고 가고 와야 하기에 웬만한 아픔은 참고 견뎌야 한다. 특히 뱃멀미는 아주 고통스럽기에 사전조치가 꼭 필요하다. 위급상황이면 헬기가 와서 싣고 가겠지만 아찔한 얘기다. 무선 전화도 작동되지 않으니 어디에 연락을 취할 재주도 없다. 생선을 잡는 재미보다 그냥 멍하니 수평선을 바라보고 하늘을 우러르며 마음을 비우기에 적당한 나들이다. 그렇게 마음을 비우고 사신 아버지가 생각 나 코끝이 찡해 온다.

　육십도 채우지 못하시고 훌훌 떠나신 아버지! 영특한 머리에 재주 좋은 기술은 남들이 해결 못 하는 일들을 묵묵히 정리해 주셨다. 세운상가에서 전자부품공장을 운영하시며 "재물은 내가 만드는 것이 아니고 직원들이 가져다주는 것"이라며 누구보다 아끼고 각별했던 관심에 괜한 시샘을 하기도 했다.

하지만 배운 기술을 가지고 다른 회사로 갑자기 떠난 작업반장에게 서운한 마음을 다스리려 술에 잔뜩 취해오신 날, 어머니와 우리들은 주정한다고 말대꾸도 안 하고 자리를 피했다. 그 순간 얼마나 쓸쓸하셨을까. 하소연을 들어줄 사람이 없는 상황은 견디기 어려운 일이지 않은가.

남자는 외로운 존재다. 바다 한복판에 서 있는 외딴섬처럼 아버지는 더 외로우셨을 것이다. 원형이정(元亨利貞)으로 가정에 충실한 것이 천하를 얻은 것으로 아신 아버지께선 사회활동을 원하는 어머니와 코드가 맞지 않기에 더욱 혼자라는 생각이 드셨을 것이다.

공휴일이면 슬며시 낚싯대를 들고 어딘가 다녀오시지만 늘 빈 그물망이었다. 어느 봄날, 아버지는 내 손을 잡고 기차를 탔다. 기억도 안 나는 작은 호숫가에 쪼그리고 앉아 "넌 아들 같은 큰딸이라 기대가 크다." 하셔서 지레 겁을 먹은 나는 절대 아무 기대도 하지 말라고 말대꾸를 한 기억이 새롭다. 지켜보니 잡은 붕어나 메기에게 입맞춤하시곤 다시 놓아주니 늘 빈 그릇이었다.

아버지는 자식 사랑이 각별했다. 더 주어야 할 사랑이 어머니였겠지만 사회생활을 접은 어머니는 불평이 많으셨다. 친구 사이에서 강태공으로 불렸던 아버지는 때를 기다리며 시대의 흐름을 읽을 줄도 아신 분으로 기억된다. 첫정인 내게 가끔 속이야기를 언뜻 하셨지만 들은 체도 아는 체도 안 하고 몰라라 한 불효가 한으로 남는다. 아름다운 것만이 추억일까. 괴로운 것은 상처로 남는 걸까.

한나절이 지났는데 열중하지 못한 탓인지 잡은 물고기는 달랑 한 마리뿐이다. 이 착한 물고기는 왜 잡혔는지 이미 헐떡이다 끊어진 호흡 위로 동그란 눈이 나를 침울하게 만든다. 물고기가 절대 눈을 감지 않는다는 것은 봐야 할 것이 많아서 그런 건지, 적으로부터 늘 지켜야 하는 처절함이 그렇다면 가엾기 그지없는 생명이다. 하루 몇 시간 눈을 감고 자는 인간들이 그 감사함을 알려나.

아버지는 우릴 위해 평생 일하며 노력하며 베풀어주신 그 사랑이 크시지만 눈을 감지 못하셨다. 물고기처럼 눈을 뜨셨는데 심장은 멈추었다. 아직 더 지키며 돌봐줘야 할 아내와 자식이 눈에 밟히셨을 것이다. 아버지를 경기도 송추 공원묘지에 모셨다. 영구차에서 묘지까지 올라가는 길을 이제 가면 언제 오나~ 구슬픈 노랫소리에 맞추어 밟는 길마다 지폐를 깔아야 일꾼들이 걸었다. 당신을 위해 쓰신 돈은 소주 몇 병과 민물 낚싯대뿐이건만 마지막 가는 길에 놓인 돈의 의미는 무엇인지. 왜 그렇게 사냐고 형제들이 한마디씩 해도 웃는 모습이 천사의 모습으로 다가온다. 늘씬한 키에 반듯한 이목구비, 선한 눈빛과 부드러운 목소리! 그런 남자랑 결혼도 하고 싶었다.

뉘엿뉘엿 쉬러 가는 태양처럼 닻을 올린 배도 항만으로 돌아간다. 그사이 잡은 생선은 걸쳐진 도마 위에서 난도질을 당한다. 앞뒤 살만 걷어내고 머리 내장 껍질 등은 바다 위로 던져진다. 그걸 받아먹으려고 온갖 바닷새들이 갑판 위에서 맴을 돈다. 흙이니 흙으로 돌아가는 인생처럼 바다에서 바다로 회귀하는 모습이다. 수없이 날아드는 새 떼를 피해 얼른 내가 잡은 고기를 던졌다.

살았으면 물속으로 재빨리 숨었겠지만 둥둥 떠 있다가 어느 새의 주둥이에 물려가고 말았다. 이 바다에 오면 가시고기였던 아버지와 눈이 고왔던 물고기 한 마리가 쓸쓸하게 생각난다.

용기가 필요해

이승을 떠나기 전, 해보고 싶은 일이 있었다. 차일피일 미루다 결정하지 못한 소망이었다. 고국에서 한두 해 정도 살아보려 거처를 마련하고 그 소원을 이룬 날, 과연 살 수 있을까 하는 걱정 옆에 자식과 가족을 떠난 외로움이 슬며시 얼굴을 내밀었다. 대수롭지 않게 생각했지만 필요한 살림살이들이 자고 나면 생기고 39년 만에 가는 길들은 낯설고 서먹했다.

부모님도 안 계시고 직계 가족들도 거의 없다 보니 찾아가고 만날 사람조차 많지 않았다. 사람이 집안에만 있을 수 없으니 가장 아쉽고 필요한 것이 자동차였다. 미국에서는 모범 운전사라는 칭찬을 받았지만 여기에서는 무섭고 엄두가 나지 않아 대중교통을 이용하니 불편이 컸다. 자고 나면 아쉬운 생필품과 먹거리를 운반하는 일이 쉽지 않았다. 미국 운전 면허증을 갖고 차량국에 가니 쉽게 교부를 받아 쓸만하다는 중고차도 한 대 장만하니 은근히 든든했다. 예상보다 비싼 자동차 보험도 들고 기름도 가득 넣었지만, 막상 어디를 가야 할지 길도 모르고 내비게이션을 보는 것도 어려웠다.

자신이 잘하고 좋아하는 일을 하는 기쁨은 나를 만들어 가는 과정이며 활력소가 된다. 여행을 다니며 운전하는 재미가 있었지만 여기서는 전혀 아니었다. 교통법규는 비슷했지만 다른 그 무엇이 실수를 할 것 같아 공부를 해야만 했다.

거주지가 복잡한 시내가 아니어서 다행이라 마켓이나 편의점과 식당들을 차분하게 다녔다. 실천해보니 용기가 생기고 하면 된다는 확신이 커졌다. 고속도로를 타고 경상도 친구 집도 찾아가니 혼자 신통방통했다.

우편함에서 고지서를 열어보는 순간 의기양양하던 모습은 꼬리를 감출 수밖에 없었다. 제한 속도 50킬로에서

62킬로 주행으로 3만 2천 원의 벌금과 30킬로 기준 속도 학교 앞길에서 41킬로로 운전했다고 6만 원의 벌금 고지서가 온 것이다. 날짜를 보니 일요일 교회 앞길에서 적발된 것이다. 분명 토, 일요일이나 공휴일은 학생들이 등하교를 안 할 텐데 왜 벌금을 부과하는지 이해하기 어려웠다. 로마 가면 로마법을 따르고 악법도 법이라니 납부는 했지만 떨떠름했다.

내가 거주하는 곳은 경기도 마등산 옆 23층 건물인데 9층 숲세권 아파트이다. 창문을 통해 들어오는 푸르른 초록색의 나무들이 눈을 편하고 시원하게 만들어 준다. 맞부딪는 바람은 온 집안을 상큼하게 환기시킨다.

하루하루 적응하며 배워가는 삶이 추억을 끄집어내어 부모님 보살핌 아래 동생들과 알콩달콩 살던 그 옛적 과거를 가져온다. 삶의 깊은 의미를 깨닫게 하는 나침반 같던 부모님의 가르침은 큰 뿌리가 되어 우리 형제들의 버팀목이 된 것 같다. 거짓을 멀리하고 옳고 바르게 살라시던 뜻을 얼마나 실천하며 살아온 우리들인지 숙연한 마음이 생긴다. 사랑을 받을 자격만 있는 줄 알고 베풀지 못하며 산 이유가 무엇이었는지 자문자답해 본다.

혼자 있는 시간이 많다 보니 미래보다 과거에 집착하는 일들이 많아진다. 하긴 훗날을 내다 본다는 일은 욕망과 욕심이 사라지고 줄었는지 방대한 기대도 없고 순탄하기만 바라게 된다.

35년을 살아온 나의 고향 내 나라가 어색하고 한편으로 이방인 같은 느낌을 받아 머쓱한 경우도 있긴 하다. 그래도 하고 싶은 말을 할 수 있어 내 감정을 온전히 전할 수 있는 일은 편안함을 안겨준다. 옳고 그름을 인정하기가 용이해진다는 뜻일 것 같다. 정착해보려 고향을 찾아온 지 두 달이 지나간다. 나그네가 되어 산천초목을 벗 삼아 떠돌아다니며 남은 삶의 마무리를 작은 후회로 접어보고 싶다. 그 바람이 크기에 좌충우돌하면서 용기있게 달려본다.

사랑한다

세상에서 무엇과도 바꿀 수 없고 구할 수도 없는 커다란 보석 같은 존재가 하나둘 셋! 세 명이다. 13살 손자 Devin, 12살 외손자 Jordan, 10살 외손녀 Adalyn. 보면 볼수록 신기하고 대견한 내 사랑이다. 자랑하기보다 내 혈육이고 내 분신이기 때문이다. 남겨놓을 최고의 보물이며 유산이기도 하다.

아들은 '김단비'라는 이름까지 작명해 놓았지만 아직도 딸을 갖지 못하고 있다. 아들 하나로 만족하며 살려 해도 요즘은 딸이 대세라 아쉬움이 크다. 이젠 여러 이유로 포기한 모양이다. 하나뿐인 공부 잘하는 중학생 아들에게 올인해야 하지 않을까 한다. 하나를 가르치면 둘을 아는 하겸이는 공붓벌레다. 온종일 책을 붙잡고 사니 밖의 활동은 거의 없다. 희고 마른 체격을 보면 영양제나 보신시킬 음식이 뭔지 알아보게 된다. 어떡해야 튼튼하고 건강한 아이로 성장시킬까? 하는 걱정이 앞선다. 독서를 많이 하니 아는 것 또한 넉넉해 또래보다 지식도 논리도 정연하다. 백과사전 같은 존재라고 모두 입을 모은다.

외사촌처럼 운동을 가르치려 농구와 수영을 반강제로 시키니 실력이 늘지 않는다. 관심이 있고 결론이 닿는 걸 해야지 취미 없는 일은 성과가 없기 마련이다. 아직 성장기에 있으니 키도 훌쩍 크고 몰라보게 변할 것이라 크게 걱정은 안 한다. 할머니도 운동하기 싫어해서 잘 넘어지고 다치는지 모르지만 건강만 지키면 괜찮을 것이다. 늘 응원하며 기도하는 우리 집 장손이니 훌륭한 인물로 성장할 것을 확신한다.

딸에겐 남매가 있다. 아들 지오는 올해 중학생이 되는 6학년이다. 운동으로 단련된 몸매에 검게 그을린 구릿빛 살결, 단정한 외모, 인사성 바르고 착실한 사내아이다.

야구, 축구, 테니스, 수영, 태권도 등도 즐기며 공부도 곧잘 한다. 할머니 때문에 잘하지 못하는 한국어를 배워 쓰느라 애쓰고 노력하는 모습이 신통하나 고생이 많다.

한국 오기 전, 드라마를 보며 한국말을 배웠다고 최선을 다하는 모습 또한 기특하면서 한편 답답하다. 한글학교 보낸 덕택에 쉬운 글씨는 읽고 짧은 대화라도 가능한 것으로 만족해야만 하는지… 나를 꼭 껴안고 "사랑해요~." 하는 녀석이 살갑고 정겹다. 보고 있노라면 편안하고 따뜻한 마음을 절로 느끼게 하는 마력을 지니고 있다. 성격이 연약하여 어른이 되면 마음의 상처를 쉽게 받을까 걱정된다. 각자의 인생은 본인이 개척하고 이루어 나가는 것이니 감당하며 좋은 생각과 열정으로 멋진 일을 하리라 믿는 아이다.

10살 된 외손녀 지아 생일이 7월 28일이다. 늘 방학이면 가족 여행으로 집에서 친구들과 생일잔치를 못 한 것이 한으로 남은 아이다. 역시 올해도 한국에서 보내게 되어 평균 나이 60살 넘은 사람들이 몇 명의 축하객이었다. 이곳에는 친척 아이들도 없고 또래를 찾기도 쉽지 않다. 약속처럼 내년 생일은 집에서 친구들과 해피 벌스데이 노래를 부를까. 나나 손녀나 어려운 희망을 품어본다.

오빠들 틈에서 성장해 그런지 남자 같은 여자아이다. 치마나 원피스 입기도 싫어하고 장난감도 남자들이 선호하는 것을 즐기니 걱정스럽다. 성격도 차분하며 여성스러운 얌전함은 저만치이고 악착같고 끝까지 추진한다. 무슨 일이든 분명한 이유가 있어야 하고 아닌 건 정확하게 아니라고 말을 하니 쌀쌀맞은 느낌이 든다.

내 딸은 "엄마와 나는 성격이 안 그런데 누굴 닮아 저렇지?" 하지만 우리가 항상 부러워하는 성격이다. 올 선거에서 민주당 대통령 후보로 여성인 카밀라 해리스가 출마했다. 그 여자는 낙선해야 한다고 당차게 말을 해서 왜냐고 물었다. 자기가 동양인 최초로 여자 대통령이 될 터인데 해리슨이 당선되면 안 된다는 것이다. 어이도 없고 그 기색에 놀라기도 했다.

대견스러운 너희들은 미국 시민권자이며 한국 부모님이 계시니, 두 나라를 위한 뿌듯한 자부심을 품고 올바른 가치관을 갖고 살았으면 하는 마음 간절하다. 작은 일에도 방향을 정해놓고 살되 주위를 살피며, 실패도 수용할 줄 아는 너그러움과 용기가 있기를 소원한다. 더불어서 느끼며 나누며 함께하는 삼 남매 같은 서로 간의 우의가 지금처럼 깊었으면 한다. 너희들이 처한 위치에서 최선을 다해 이룬 결과를 할머니는 저 하늘나라에서 지켜보며 응원할 것이다. 삶은 하나님께서 주신 선물이니 벅차고 감사한 마음가짐으로 어디서나 기둥같이 되길 바라는 마음 간절하다.

성장하는 손주들을 보고 있노라면 '할머니답게 옳고 바르게 제대로 살아야겠다.'라는 다짐이 생긴다. 남겨 줄 유산이 반듯한 삶의 모범이 아닐까 한다. 요즘 아이들은 어른들의 선생님 같아 보일 때가 많다. 한 치의 잘못이나 실수가 용서되기 쉽지 않다. 사랑을 나누며 줄 줄 아는 나의 후손들이 되기를 기도드리며 간절한 바람을 가져 본다. 너희들 모두 사랑한다!

Love You All

In my life there are treasures brighter than any jewel, beyond exchange or measure. One, two, three: a grandson of thirteen, another of twelve, and a granddaughter of ten. Not for boasting but for remembering—my blood, my reflections. They are the truest legacy I could ever leave behind.

My son and daughter-in-law once chose the name Danbi for a daughter who never came. Though they tried to be content with raising only one son, a quiet longing lingered, for these days daughters are thought the greater blessing. Yet busy lives have set that dream aside, and now all their love gathers, as it should, around their bright middle-school son. Devin is the kind of boy who learns two things when taught one. He buries himself in books, rarely venturing outdoors. His mind, sharpened by endless reading, is so rich with knowledge and clarity that people call him a walking encyclopedia. Yet his pale, fragile frame makes me wonder what nourishment might help him physically. How do we guide him toward a body that can match the strength of his mind? This question weighs on me. Hoping to instill balance, his parents pressed him into basketball and weight training, but without passion, progress is slow. Perhaps he inherited my own reluctance for exercise—always stumbling, always hurt. Still, I do not worry too much; like his tall parents, he will one day stretch upward and grow strong. So long as he stays healthy, all will be well. As the eldest grandson, he will embody not only a bright, searching mind but also the steadying spirit that defines him.

My daughter has two children. Her son, Jio, is in sixth grade and has entered middle school this year. Athletic, sun-bronzed, and handsome, he is a good-natured and courteous boy. Baseball, soccer, tennis, swimming, taekwondo—he excels in them all while managing his studies with ease. He struggles with Korean, but he works hard at it, learning through dramas, shaping letters at language school, piecing together enough words to speak with me. I find his effort both admirable and bittersweet, wondering if our small conversations are all I can expect to share in Korean. Yet my heart melts when he wraps his arms around me and whispers, "Saranghaeyo, Halmoni." There is something in him—some quiet magic—that brings warmth simply by being near. He is gentle to the core, perhaps too gentle for a world quick to bruise. Still, I trust his kindness will be his compass, guiding him into a life of courage and purpose.

And there is my granddaughter, Jia. Born in the heat of July, her birthday falls during family vacations every year, leaving her without the joy of a fun party among friends. This year too, she blew out candles in Korea, her guests averaging over sixty years of age. I promised her that next year she would sing the birthday song at home with her friends, though I cannot be sure that promise will hold. Jia is a boyish girl—skirts and dresses repel her, while toy weapons and cars delight her. She is calm but not soft—unyielding, persistent to the end. She demands reasons for everything, and when she says no, it is firm, immediate, unbending. My daughter wonders aloud, "Who did she inherit that from? Not me, not my mother." But in truth, it is a character we admire, for both of us have always been too tender. When Kamala Harris announced her presidential run, Jia declared boldly that she must not win. Asked why, she replied: "Because I will be the first Asian woman president. If Harris wins, I won't be first." We were astonished by her certainty and audacity, yet I couldn't help but smile.

These children carry American passports but have Korean roots. I pray that they hold the pride of belonging to both countries while growing with upright values and learning to discern direction even in small matters. May they have courage when facing failure, humility to notice others, generosity to share what they have. Above all, I hope the three of them continue nurturing the bond they now share so deeply. Wherever their paths may lead, I will be cheering, wishing them lives grounded in gratitude and lifted with confidence.

As I watch them grow, I feel the weight of my own vow: to live rightly, with dignity, in the way a grandmother should. Perhaps the truest inheritance I can offer is the example of an upright life. Children these days are often teachers in disguise, reminding us how little room there is for false steps. My deepest prayer is that my grandchildren grow into souls who love deeply, give freely, and live fully.

They are my three treasures.

My unmeasured wealth.

And I love them beyond words.

삶의 깊은 의미를 깨닫게 하는 나침반 같던 부모님의 가르침은 큰 뿌리가 되어 우리 형제들의 버팀목이 된 것 같다. 거짓을 멀리하고 옳고 바르게 살라시던 뜻을 얼마나 실천하며 살아온 우리들인지 숙연한 마음이 생긴다.

이기면 지지 않아

3월이 오면 야구 경기가 시작되고 농구 경기는 서서히 시즌을 접는다. LA에는 계절에 맞게 짜인 각종 운동경기가 많고 규모 또한 엄청나다. 또 주 정부 부처마다 경쟁자가 있는 선거도 자주 생긴다. 하여 남의 불행이 나의 행복이 되는 경우가 적지 않다.

모두가 탈락하면 안 되는 절체절명의 순간들이 부지기수이다. 승자의 기쁨보다 패자의 눈물이 더 값지고 안타까운 경우를 보면서 슬픔을 함께 나눌 때가 생긴다. 심한 경쟁 사회에서 언제나 이길 수는 없지만, 누구나 진다는 생각보다 이긴다는 마음이 크기에 희망의 끈을 놓지 못하고 열정을 쏟게 된다. 자기의 이익과 목적을 위함이 아닌 동반의 승리를 위해 자신의 욕심을 내려놓고 격려하는 용기가 꼭 필요하다는 생각을 하게 한다. 더불어 산다는 것이 무엇인지 알게 하고 잠깐의 실수가 큰 피해를 가져온다는 우려도 깨닫게 만든다.

현대 사회는 모두가 적이 되는 어려운 고비를 겪으면서 성장하고 발전한다. 국제 사회도 어느 날 동반자에서 이해관계로 적이 되는 일도 비일비재한 요즘이다. 하긴 그동안의 인류 역사가 그렇게 성장하고 버티고 영원한 것이 없음을 증명하며 이어져 왔다. 치열한 사회가 경쟁심을 만들어 사건도 만들며 포기하고 무너지는 삶의 현장도 가깝게 볼 수 있다.

우리나라에도 즐기는 운동경기가 참으로 많다. 축구는 세상 어느 곳에도 지지 않을 만큼 열광적이다. 그 응원의 열기는 매우 뜨겁고 열정적이다. 국민적인 관심과 집중이 거리마다 상점과 가정마다 자리 잡아 큰 문화적 이벤트로 자리매김했다.

대~한미국을 외치는 빨간색 티셔츠의 모습은 세계적인 주목을 받았던 기억과 나 역시 그 무리의 일원이 되어

목이 쉬도록 응원을 한 추억들이 새롭게 떠오른다. 월드컵이나 중요한 국제 행사가 열릴 때, 광장이나 넓은 장소에 수만 명씩 모여 국가 대표팀의 공식 도우미 그룹인 붉은 악마들이 생각난다. 2002년 한일 월드컵을 계기로 주목을 받았던 'Be the Reds'라 쓰인 티셔츠를 입고 모여서 흥과 용기를 나누었던 그날들이 엊그제 같다. 모든 국민이 한마음 한뜻이 되어 승리를 외치며 기쁨과 서운함을 같이한다는 일은 화합을 이루는 일이 아닌가 싶다. 스포츠를 통하여 이루는 긍정적인 영향은 매우 클 것이다.

　딸 가족이 한국에 와서 프로 야구 구경을 한다고 손주들과 기대가 컸다. 미국에 살면서 열렬한 다저스 팬이어서 파란색 유니폼과 모자를 쓰고 여러 가족이 단체로 자주 가던 홈경기였다. 우리 한국 선수들이 있으면 더더욱 신이 나서 'Go Dodgers!'를 외쳤다. 요즘은 샌프란시스코의 이정후 선수를 응원하려 6시간씩 운전해서 그곳 홈경기를 관람하는 사람들도 많다고 한다. 피는 물보다 진하다고 내 형제마냥 감개무량하고 애절한 마음이 일어난다.

얼마 전, 예전부터 롯데자이언츠 팬이었던 우리는 경기에 맞춰 부산까지 원정 응원을 동탄에서 SRT 열차를 타고 갔다. 여름방학이라 한국에 온 아들·딸 가족과 마련한 여행을 겸한 응원이다. 하긴 경기 내용보다 응원문화의 창의성과 단체 율동, 얼굴 페인팅, 깃발 등등 다양한 방식은 팀과 선수들에게 힘을 실어주고 긍정적인 영향을 준다는 생각이 든다. 단순한 스포츠 이상으로 열정적으로 사랑하며 독특하고 인상적인 모습으로 전 세계를 놀라게 하고 있지 않은가.

K리그에 포함된 많은 종목의 경기중에는 배구도 빼놓을 수 없는 경기이다. 이제 김연경 선수가 은퇴하고 감독으로 있어 앞으로 얼마나 더 흥미와 인기가 있을지는 모르지만 내리꽂는 볼의 위력을 보며 속이 시원하던 시간이 생각난다. 하여간 모든 운동경기는 이겨야 하지만 반드시 지는 상대방 팀도 있는 것이다. 환호와 좌절의 침묵 속에 지기 싫으면 이겨야 하고 이기면 지지 않는 매력의 운동경기는 오늘도 내일도 이어질 것이다.

한마디의 말

 나이가 든다는 것은 젊음의 다음 장에서 인생을 관망할 줄 아는 지혜가 생기는 때라고들 한다. 나 역시 나이가 든 가을 인생이라 일상에서 일어나는 일들에 되도록 앞에 나서 아는 척하지 말자며 다짐해 보건만 갑갑하고 답답한 경우가 생긴다.
 특히 내 자식들의 행동이 옳지 못하면 금방 지적을 하게 된다. 그런 과정의 말투나 부드럽지 않은 표정에 상처를 적지 않게 받는 것 같다. 내 눈에 거슬리면 남의 눈엔 더하겠지 하는 노파심에서 싫은 소리를 하는 것이 때론 당사자에게는 힘든 아픔이 되어 눈물을 쏟게 한다. 우는 딸을 보고 사위는 왜 울리냐며 섭섭해하니 민망한 일이다. 며느리의 남편이요, 사위의 아내인 내 자식의 우선순위를 먼저 인정해야 하는 일을 잊고 사는 소치다. 일이 벌어진 후에 고치는 수리 형이 되지 말고 미리 생각하는 정비 형 어른이 되어야 할 것 같다. 부족한 내 상식과 경험으로 판단하는 일은 옳지 않다는 생각을 하게 된다.

후회는 바보나 하는 것이라면 후회하며 사는 세상 사람들은 바보들의 집합체일 것이다. 삶의 과정에 부대끼며 얻은 어른들의 경험들이 세상이 변한 이 시대에서는 꼰대들의 잔소리가 된다. 듣고도 모른 척, 나서지 말고 기다려 주고, 참고 져주어야 하는 일이 먼저 할 일이 되었다. 나름 알고도 모르는 척하는 바보가 되기로 결심을 한다. 야단맞을 나이도 아니고 엄마 품을 떠난 지 오래이니 가깝고도 먼 자식이 아닌가. 사랑도 미움도 마음의 길에서 시작되는 일이나 이제는 간섭이나 쓴소리는 자제할 나의 소견이 문제다.

남편이 세상을 떠난 후, 출가한 자식들과 함께 살아가는 연습도 없이 한 지붕 밑에 살다 보니 내 고집이 쉽게 녹지 않는 얼음덩이처럼 차갑게 다가가나 보다. 자녀들과 사는 일을 당연하게 생각했건만 서로 인내해야 할 부분이 한두 가지가 아니다. 좋은 생각만 하고 결정한 일의 뒷면에 도사리고 있는 바늘을 미처 깨닫지 못하고 경솔하게 결정한 일이 실수였을까 하는 의문마저 들기도 한다.

  가족마다 서로 제각기 하는 다른 일들도 많지만 합하여 선을 이루는 일은 더 귀한 일인데, 나 혼자만의 동굴 속으로 들어가 고집만 늘고 타협할 줄 모르는 쓸쓸한 옹고집 신세가 되어버린 느낌이 든다. 교만하지 말고 겸손하자는 생각을 하면서도 행동은 그렇지 못하니 어느 누가 인정을 해줄 것인가.

  지나버린 어제는 바꿀 수도 지울 수도 없지만 오늘은 새롭게 만들어 갈 수 있으니 내심 새로워질 각오를 한다. 언제부터인가 방황하며 떠도는 구름처럼, 스스로 안정을 찾지 못하고 공중에 붕 떠 산 기분이다. 깐깐한 성격을 내려놓고 불편함도 감수하며 너그럽게 수용할 마음의 자세가 아쉽다는 느낌이다.

오십을 바라보는 아들이 지금도 엄마 얼굴을 보고 안색이 안 좋아 보이면 겁이 나고 걱정이 앞선다고 하니 온유함을 주는 엄마는 아니었구나 하는 자책을 하게 된다. 아들의 그런 불안한 심정을 이제는 알았으니 앞으로 따뜻한 말과 정답고 친절한 모습으로 다가가야지 하는 다짐을 스스로 해본다. 판단의 언어보다 공감의 언어를 사용하면 모자간의 마음은 한결 편해지고 다정해질 것이다.

  곁에 있을 땐 모르고 지내다 떠나서 없고 보면 아쉽고 생각나는 것이 살다 보면 많다. 상실의 경험을 하며 그 빈자리가 하도 커서 다른 무엇으로도 메울 길이 없어 삶의 밝음이 사라져 나를 슬프게 한다. 주위의 가족이나 친구, 지인들이 하나둘 세상을 등지니 그 허무감에 시달려 우울하고 성격도 모가 나서 부정적이고 짜증 나는 사람이 되었다. 친절한 말이나 미소는 사라지고 긍정적인 생각도 멀어지니 관계가 편하지 못했다. 달라지고 바뀐 환경에서 오는 서러움이 실린 가시 돋치고 거친 쓴소리는 약발이 되지 못하고 소중한 자녀들 가슴에 오히려 아품만 안겨준 것이다.

요즘은 혼자 지내는 시간이 넉넉하니 자아를 돌아봐야 하는 시간이 많아진다. 나이가 들어간다는 것은 반성을 통해 다시 새로운 기회를 만드는 것이 아니겠는가. 더 나은 사람으로 부드럽고 차분하게 나이 들어가고 싶다. 그러기 위해서는 지적하고 판단하고 비난하는 거친 말을 잠재우며, 은혜롭게 베푸는 한마디의 말을 해야지만 나이가 든 사람의 덕목이 될 것이다. 나는 나의 약함을 알기에 그 덕목을 위해 멈추지 않는 기도의 시간을 통해 조용하고 느긋이 나이 들어가게 될 것이다.

얼굴이 없다

좋은 건지 무서운 세상인지 헷갈리는 현재를 살고 있다. 예전에는 상상도 못하던 혜택을 누리며 살기에 고맙다가도 한 편으론 덜컥 가슴이 내려앉는다. 진짜가 아닌 가상이라는 단어에 속고 속이는 정당성을 받아들이기엔 나이도 있고 그 방법의 모호성에 공감하기에는 아는 지식이 많지 않다.

위조지폐는 봤어도 가상화폐는 아직 만나 본 적이 없다. 둘의 차이는 어마어마한 가치가 있어 가짜라는 구박을 받는 한편 솟구치는 가격과 인기는 뭔 일인가 싶으니 그 방면의 숨은 뜻은 가늠조차 힘들다. 누가 가상화폐에 투자해보라며 미 정부에서 만든 사이트를 보내주었으나 그것도 거짓이 아닐까 하는 의심이 먼저 일어났다. 투자에는 문외한이고 관심도 없다. 없으면 없는 대로 있으면 그것으로 만족하며 사는 처지가 편하다고 살아왔다.

쉴 새 없이 쏟아져 나오는 정크 메일과 선전물들을 버리고 정리하기에 진력이 난 지 오래다. 전혀 누구인지도 모르는 사람이 아는 척, 친한 척하며 관심을 두고 다가오면 어찌해야 할지 난감하고 두려워진다. 무조건 모르는 척하는 게 우선이라지만 그 역시 편하고 쉬운 일은 아니다. 행여 실수해서 오해를 살까 봐 조심스러운 경우도 있기 때문이다.

세상살이가 걱정스럽고 애매하니 순진하게 무조건 이해하기엔 당하며 바보가 되기 일쑤이다. 아는 게 힘이라니 늦었다고 미루며 포기하지 말고 배워야 답답함을 벗어나 대책 마련이 용이해질 것 같다. 관심이 있으면 선뜻 나서서 준비를 해보겠지만 어디서 어떻게 해야 할지 전전긍긍하다 버거운 일을 만들지 말고 참자며 사이트를 닫았다.

내 이름, 주소, 생년 월 일… 을 정확히 알고 있는 사람에게 연락이 왔다. 친근하게 그리고 편하게 이야기하니 들으면서 대꾸를 해주었다. 결론은 좋은 물건이라 앞으로 반드시 대박이 나서 유명해질 것이라며 투자와 판매를 선전하는 목소리 고운 분의 권유였다. 순간 믿음이 가면서 그럴까? 하는 마음이 한구석에서 고개를 쳐들었다.

지금처럼 사회생활을 멀리하고 은둔생활하듯 살다 보니 시야도 좁아지고 내 마음대로 정하고 믿는 고약한 습관이 몸에 배었다. 돈을 번다는 막연한 생각보다 조직생활을 하게 되면 세상을 배우지 않을까 하는 멍청한 호기심의 발동이었다.

또 쓸데없이 사고를 저질러 자식들 곤란하게 만들면 안 된다는 기지가 머리 어디선가 솟아났다. 가족과 상의해서 연락을 드리겠으니 기다려 달라며 통화를 마치려니 막무가내다. 끊지 않고 계속 피곤하게 만들어 짜증이 커져 절대 아니다는 결심이 섰다. 순간 그 사람은 나를 아는데 왜 나는 그 사람을 모르는지 무서움이 찾아들었다.

숨어 살 수도 없거니와 혼자 어디를 가도 감시당하며

사는 현실이다. 전화기에 위치 추적을 해놓아 어디 가는지 모두 알고 있다. 설치하지 말라 해도 넘어지고 길 잃어 걱정되어 꼭 필요한 앱이라며 설득 끝에 해 놨다만 기분이 그리 좋지만은 않다. 그렇다고 몰래 갈 곳도 숨길 것도 없이 살지만, 왠지 심사가 불편했다. 나만의 소심한 비밀은 이미 소멸하고 공유하는 시대를 받아들이고 인정해야 조용할 집안 분위기였다. 하긴 사고가 나면 혼자 어렵사리 두려워하느니 빠르게 알 수 있어 도움이 될 것 같다며 서운한 마음을 내려놓았다. 물론 내게도 자기들이 어디 있는지 알 수 있도록 설치를 해놓았으니 궁금하면 열어보라지만 아직 그리 해보고 싶은 마음이 없다. 전화 통화가 불가능하지도 않고 늘 목적지를 서로 알려주고 시간까지 말해주기에 걱정이 없어서일 것이다.

요즘같이 서로 멀리 떨어져 곁에 없어도 큰 불편이 아니길 소원하면서 오늘도 얼굴 없이 보이지 않는 사람이 나와 동행하리라 생각하며 조심한다.

동감

뜻이 같고 생각이나 행동의 집행 능력이 비슷한 사람을 만나면 동질감을 느껴 곧 마음을 열게 된다. 동감의 감정인데 그들이 느끼는 감정에 대해 알고 있고 상대방의 감정에 대해 위로 또는 수용하는 동반자 같은 마음이 되기도 한다.

어지러운 세상 속에 서로 말이 통하여 대화를 이어갈 수 있는 친구나 지인을 만나는 것도 삶의 큰 행운이다. 첫인상이 중요하듯 첫 나눔의 이야기도 기억에 남고 다시 만나고 싶어진다. 그런 사람들이 오래갈수록 숙성된 장맛같이 불현듯 생각나고 맛깔스러운 향기로 남는다. 무슨 말을 해도 공감해주고 이해하려 애써주는 배려심은 믿음을 주고 보화 같은 재산이 된다. 그런 사람이 얼마나 있을까? 둘 셋? 서넛? 숫자보다 이제는 하나라도 좋고 집중할 수 있었으면 좋겠다. 그런 사람들을 옆에서 보게 되었다.

그는 친언니처럼 교류가 있는 분의 남동생이었다. 얼마 전 그의 아내가 오랜 병환 끝에 남편 곁을 떠나 영면했다. 홀로 남은 그는 집에 들어가기 싫다고 누님댁에 오는 날이 잦아져 측은하지만 한편 불편하다고 그녀는 눈물을 글썽이셨다. 복 있는 남자는 여자 앞에서 먼저 떠나야 하는데 지지리 못났다며 푸념으로 마무리를 하셨다.

생명이 마음대로 된다면 불평도 고생도 줄어들겠지만, 원대로 뜻대로 되지 않는 생과 사의 문제가 아닌가. 세월이 약이라니 지나고 나면 잊히고 나아질 것이라고 궁여지책으로 위로인지 경험담인지를 하고 돌아왔다. 다정다감했던 부부는 이별의 상처도 크고 아픔도 오래도록 기억되어 살아남은 것이 죄인처럼 느껴지기도 한다. 누구나 잘해준 것보다 상처 주고 이해해 주지 못한 일에

한이 맺히고 후회로 가득한 안타까운 사연들이 눈물을 흘리게 한다.

남남끼리 만나 부부의 연을 맺고 산다는 것이 얼마나 귀하고 값진 일인가. 그 인연을 생명이 다하도록 유지하며 함께하다 한날한시에 떠나면 좋지만 절대 그럴 수가 없다.

아들딸 둘을 낳아 잘 성장시켜 결혼식도 올리고 손주들의 재롱과 노후의 은퇴로 마냥 편안하고 즐거우리라 생각했던 삶이 갑자기 아내의 죽음으로 실성 지경까지 가신 장로님을 보았다. 화장해 가져온 유골함을 거실 벽난로 위에 놓고 매일 아침 인사를 하고 주무실 때도 굿나잇 키스를 하고 침실로 간다. 지고지순을 넘어 뭐라 해야 하나? 죽음을 받아들이지 않는다는 것도 힘들고 서글픈 일이 아닐 수 없다. 일 년이 지났으니 이젠 편히 쉬게 보내드리자고 이야기를 해도 막무가내이니 아무래도 나중에 합장해야 하지 않을까. 그런 사랑을 받으며 살고 가신 분을 부러워하기보다 남은 이에 대한 안쓰러움이 더욱 커서 낯설기까지 한 집안의 유골함을 피해가게 되었다.

 가까운 지인이 남편을 보낸 지 4년 만에 재혼한다고 연락이 왔다. 먼 타주에 살기에 내가 참석하기는 어려워 축하 카드만 보내주었다. 가까운 친구들이 열 명이 넘게 참석하여 분위기가 좋았다는 소식을 들었다.

 부인과 사별한 지 6개월이 되기도 전에 자식들의 반대를 멀리하고 재혼을 강행하여 이런저런 뒷말이 무성하였다. 1년만 기다려 달라는 자녀들의 요청을 무시하고 치른 결혼식 사진을 보니 내 마음이 형용하기 어려운 딜레마에 빠졌다. 두 사람의 형편과 처지와 뜻을 제대로 알지 못하였지만, 의지도 있고 정말 사랑하는 마음이 크구나 하는 부러움도 있었다.

 행운은 용기 있는 사람이 쟁취하는 것이라고 했던가. 시간과 환경은 언제나 변하기 마련이다. 인간은 동감하는 느낌이 있을 때 마음이 움직인다고 한다. 황혼에 만났으니 함께 한 곳을 바라보며 공감하는 느낌으로 마음을 열고 같이하는 남은 생이 행복하기를 기원한다.

지적하고 판단하고 비난하는 거친 말을 잠재우며, 은혜롭게 베푸는 한마디의 말을 해야지만 나이가 든 사람의 덕목이 될 것이다. 나는 나의 약함을 알기에 그 덕목을 위해 멈추지 않는 기도의 시간을 통해 조용하고 느긋이 나이 들어가게 될 것이다.

어제와 오늘이 다른 세상

사위가 고요한 초겨울 저녁 창틈으로 어둠이 내린다. 햇살이 숨어버린 창문을 보며 흔적을 감추는 하루를 아쉬워하는 순간 휴대폰의 알림음이 울렸다.
"Hi~." 전혀 모르는 사람의 인사는 반갑기보다 겁부터 앞서기 마련이다. "?~." 물음표를 찍어 놓고 누구인데 카톡을 하는지 황당하다는 댓글을 써 보내고 흔한 스팸 메일이려니 접어 두었다. 나중에 전화기를 열어보니 한국인이 아니고 중국 사람이라 써준 답글을 못 읽는다고 쓰여 있었다. 순간 머리를 스치는 기억 하나가 작년 말 싱가포르에 여행 갔을 때 이유 없이 우리 일행에게 음식 대접을 해준 사람이 아닐까 해서 혹시 싱가포르에서 만난 분이냐고 물으니 본인은 2018년에 다녀왔다 하니 그 날의 일도 아니었다.

  많은 상상은 숱한 문제를 만들기 십상이다. 우리는 어떤 전화번호도 교환한 적이 없고 여행객끼리 길거리 음식을 대접받은 것뿐이었다. 전화번호를 어찌 알았는지 정색하며 물으니 휴대폰에 내 이름이 떠서 아는 사람인가 했다나. 하긴 내게도 가끔 생면부지의 사람으로부터 카톡이 오면 반응을 보이지 않고 삭제해 버린 경우가 종종 있긴 하다.

  개인의 신상 명세를 털어가려는 수법이 만연한 사회에서 당하지 않고 사는 방법에 신경이 날카로워진다. 어쩌다 사기꾼들이 활개를 치는 세상에 우리가 사는 것이다. 그 사기꾼들의 꼬임에 걸려 크고 작은 손해를 겪는 피해자들의 안타까운 사연들이 쟁점 뉴스로 전해지며 경각심을 불러일으켜 준다.

  노래의 가사처럼 테스 형! 세상이 왜 이러느냐고 나 역시 묻고 싶어진다. 대놓고 넌 나쁜 사람이라고 단정하긴 나름의 예의는 아닌 것 같아 우선 프로필을 보니 그런대로 멀쩡한 인물이었다. 다른 사람의 사진을 대치할 수도 있겠지 하는 무조건 의심의 마음으로 끝내 버렸다. 곡절 많은 세상에서 비일비재 일어나는 일 중의 하나에 신경 쓸 일도 관심 가질 일도 아니었다.

얼마 전 내 딸에게도 FBI라며 마약 사건에 연루되어 있어 조사해야 한다는 황당한 전화가 왔다. 마약의 근처도 가 본 적이 없으니 놀란 가슴 쓸어내리며 차근차근 대답해주었다고 한다.

거래처 은행이 몇 군데이며 현재 잔액은 얼마냐고 물었다고 한다. 사실대로 알려주니 당장 다른 곳으로 옮기라며 곧 압수수색이 온다고 친절 아닌 배려를 해주는 것 같았다. 고마운 생각이 언뜻 스치는 순간 남편하고 의논하고 알려주겠다니 직업이며 어디 있느냐고 그럴 여유가 없다고 재촉하였다고 했다. 과민상태에서 다행히 정신 차리고 생각하니 이렇게 해서 당하는구나! 하는 생각이 들어 잘못했으면 법대로 할 터이니 걱정 말라며 전화를 끊어버렸다고 했다.

처음 전화를 받는 그 순간엔 예기치 못한 놀라움에 아

무 판단이 서지도 않고 억울하여 어떡하나 하는 불안감이 몰아치니 실수도 할 만하다고 했다. 곡절 많은 험한 세상에 나 자신도 못 믿는 경우도 허다하건만 조금 뒤에 일어날 일도 모르니 지금, 이 순간이 얼마나 다행이고 소중한지 알 것 같다. 기쁨을 나누면 질투가 생기고 슬픔을 나누면 약점이 된다는 얼음같이 차가운 현실이 안타깝지 않은가.

그 중국인은 자신은 못된 사람이 아니라며 이력을 적어 보내주고 직업까지 알려주는데 짜증스러웠다. 묻지 않는 일을 알려주는 건 자신감인가 내 생각이 틀렸다는 걸 확인하려는 것일까. 어쨌든 좋은 사마리아인이길 바란다며 당신은 사기꾼이 아니어도 나와는 전혀 상관없다는 생각으로 나가기 키를 눌러 내보냈다.

누구도 인간의 심연의 바닥을 본 사람이 없기에 세상에는 속이고 속아 사는 사람들이 너무 많다. 예로부터 열 길 물속은 알아도 한 길 사람 속은 모른다고 하지 않았는가. 어제가 다르고 오늘이 다른, 눈 뜨고 코 베일 세상에서 나는 속지도 않고 속이지도 않는다는 정신으로 살아갈 것이다.

우리들의 얼굴

눈을 뜨면 하루가 시작되며 새로운 하루를 주신 하나님께 감사기도로 아침을 연다. 요즘은 인생이란 두 글자를 걱정보다 긍정적인 마음으로 받아들이고 이해하려 노력한다.

새옹지마라는 삶을 왜 그리 복잡하게 살아왔는지 스스로 이해되지 않는 부분들이 참으로 많다. 불안과 근심 걱정, 초조한 마음으로 매사를 어렵사리 엮어내며 지내온 날들이 어리석고 시간 낭비였음을 깨닫게 된다. 그런 과정을 통해 해결되는 일들은 흔치 않았기에 더더욱 아까운 세월들을 허비한 것 같다. 후회는 전보다 나중에야 하는 일이기에 대책을 세울 수가 없어 더욱 안타깝고 속도

상한다. 확실하게 생기지도 않고 일어나지도 않을 일들을 예상하며 '그러면 어떡하지?' 하면서 골머리를 앓은 적이 적지 않다. 성격 나름으로 조바심증이 심한 가족이 계시기에 곁에서 지켜보며 나 자신을 돌아보는 시간을 만나게 되었다. 피차 웃는 모습의 편안한 분위기를 상상하며 느긋한 마음의 소유자가 되기를 갈망해 본다.

성형시술이 급진적으로 발전하고 피부에 좋다는 기능성 화장품이 하루가 다르게 쏟아져 나오는 요즘이다. 더군다나 손가락만 까딱하면 집 문 앞까지 신속하게 주문한 물건들을 배달해 주니 편한 것을 넘어 게을러지는 것이 아닌가 싶다.

물건을 골라 사는 재미가 쏠쏠했는데 젊은 사람들은 시간 낭비라고 생각하는 것 같다. 햇빛에 나가면 피부에 대단한 손상이라도 입는 양 눈만 내놓고 다니는 여자들을 보면, 특히 골프장에서는 아랍에 온 기분이 든다. 햇빛 알레르기 환자들이 갑자기 왜 그리 많아졌는지 모를 일이다. 피부가 꼭 창호지처럼 하얘야 미인이던가. 물론 검은 피부보다 곱게 보이지만 건강하게 보이는 갈색 피부도 나름대로 멋이 있다고 생각한다. 부모님께서 주신 육신을 건강하게 잘 쓰다가 큰 질병 없이 살다 가면 복이련만 쉽지만은 않은 일이다.

50여 년 만에 고등학교 동창생을 만났다. 세월 이기는 장사 없다고 모두 할머니 대열에 서서 반가운 인사를 나누었다. 옛 모습이 남아 있는 사람, 전혀 몰라보게 바뀐 친구, 곱게 늙어가는 것이 이젠 아름답다고 한목소리를 낸다. 바뀌지 않은 것은 키였다. 아직 키를 늘리는 의술은 발전되지 않은 것일까. 그 또한 언젠가는 이루어질 일이겠지만 그들의 모습은 모두 예쁘고 우아했다. 고생하며 살지 않아서라기보다 관리들을 잘하는 편이라고 느꼈다. 선머슴 같은 나는 모양내는 일하곤 거리가 멀어 가장 초라해 보인다는 인상을 받았지만 그게 나인 걸 어쩌겠는가.

나이는 대가 없이 먹는 게 아니다. 나잇값을 해야 한다는 말이 무슨 말인지 깨달음이 온다. 격에 맞는 지혜와 품위를 갖추고 삶의 깊이를 더하며 살아가는 것이리라. 지나온 인생의 경험으로 조언을 해주되 공감할 수 있어야 한다. 자기 자신을 돌보며 사회에 작은 기여라도 마다치 않는 날들이었으면 좋겠다. 무한하지 않은 삶을 인정하며 앞으로 많이 남지 않은 날들을 감사와 만족으로 채워가고 싶다.

자기 얼굴은 자신이 만드는 것이다. 만족 없이 사는 사람은 얼굴에 불편함이 가득하고, 인정하며 공감하는 사람은 얼굴이 환하다. 소유욕이 많고 경쟁력이 강한 사람은 성공한 삶을 살아갈까? 형편과 처지에 맞는 행동은 우스꽝스럽지 아니하고 고립되어 외로운 날들로 만들지 아니할 것이다.

세상의 이치를 깨닫는다는 지천명의 나이도 지난 지 20여 년이 되었다. 욕심 없이 내려놓는 남은 시간을 잘 관리하며 얼굴값을 제대로 하고 산다면 더 큰 기대치가 없겠다. 그동안 무슨 불만이 많았는지 인상을 펴지 못해 생긴 미간의 주름을 보며 후회와 미안한 마음이 커진다. 각자가 모두 다른 모습으로 살면서 고맙게 잘 살다 간다는 말을 남길 수 있으면 좋겠다. 내 얼굴에 책임 있는 삶을 갈망하며 노력하고 싶다.

세월의 흔적

자주 넘어지니 다리 근육이 튼튼해야 장수한다며 제발 걸으라는 당부가 만만치 않다. 매일 400m를 쉬지 않고 걸으면 그렇지 않은 사람보다 7년을 더 산다고 다리 단련은 걷는 것이 최고라며 주위에서 재촉한다.

몰라서 안 하는 것이 아니고 게으르고 귀찮고 아직 견딜 만하니까 꾀를 부리는 것 같다. 살자니 숨쉬기 운동은 저절로 하는데 몸을 움직이는 것은 크게 마음먹어야 마지못해 하는 척한다. 이유야 많지만 체력이 도와주지 않으니 무리를 하면 그냥 주저앉을 만큼 기력이 소진된다.

요즘 서너 달 앓고 났더니 체중이 5kg 정도 감량되어 더욱 기운이 딸린다. 82세까지는 산다 해서 느긋하게 마음먹으며 믿고 있었는데 자신이 없어진다. 마음도 약해지는 걸 보니 '건강한 육체에 건강한 정신'이라는 구호가 생각난다. 연장전이 없는 인생살이이니 세월을 거슬릴 수는 없지 않은가.

잘 들여다보지 않는 거울이지만 이젠 더더욱 안 보게 된다. 내가 아닌 나를 보는 기분이 그리 좋지가 않아서이다. 늙고 병들어 떠나는 인생이야 그렇다 쳐도 어느새 이렇게 다른 할머니로 나타났단 말인지 믿을 수가 없다.

가는 세월을 누군들 막을 수 있고 인생의 종착역에 다다르지 않는 사람이 어디 있으랴. 눈치 없는 솔직함이 더 위험하다지만 인정하고 받아들이니 마음이 편하고 한편 감사하기까지 하다.

생김새보다 마음을 젊게 살기로 작정하고 철없는 아이처럼 눈치코치 안 보며 하고 싶은 대로 맘대로 살아보았다. 완전 망녕 난 노인네가 따로 없다는 느낌이 와서 혼자 웃고 말았다.

사람은 나이에 걸맞게 행동하고 생각하며 자신의 자리

를 지켜야 한다는 이야기가 마음이 와 닿았다. 모두가 쉽지 않은 일이지만 거저먹는 나이가 아니다. 나잇값을 해야 한다는 것은 절대 쉽고 안이한 일이 아니었다.

자식들이 결혼하여 가정을 이루고 조용히 사니 큰 걱정도 없고, 늘 그렇듯 우리 집의 문제는 어머니라고 하는 항변에 대꾸할 말이 없었다. 집에 계시면 냄비 들고 넘어지며 책상에 머리 찧어 난리, 친구 만나러 가면 뺑소니차에 치여 다치고 폐차시키고, 타 주로 여행 가면 욕실에서 미끄러져 온몸에 멍들어 소란스럽고, 한국 가면 뼈 부러지던가 아파서 입원하며 걱정을 주니 할 말이 없었다.

그러고 싶어 그러는 건 아니지만 점점 온몸에 상처만 남으니 좋아하는 여행이 겁이 나기 시작이다. 조금은 안전하게 가 볼 수 있는 크루즈가 그나마 낫지 않나 생각되어 여섯 곳을 다녀왔다. 갇혀있는 갑갑함은 있어도 숙식 제공에 가끔은 육지도 밟게 하니 그런대로 노년의 여행은 제격이라는 생각이 들었다.

몇 날 며칠을 혼자 운전해 다니던 날이 엊그제 같은

데 교통사고가 나니 두렵고 무서워 자신감이 떨어져 버렸다. 안전하게 운전 잘한다며 모두 내 차를 이용해 주던 일들이 그땐 그랬지 하며 과거로 덮이게 되는 것 같다.

구십이 넘으셔도 큰 사고 없이 우리 교회를 다니시는 원로 목사님께서 보험회사에서 갱신을 안 해주어 택시를 이용하시더니 이달부터는 가까운 곳에 출석하신다며 서운해하셨다. 일주일에 한 번이라도 뵙고 안부도 묻곤 했는데 정말 안타까운 마음이 들어 울컥했다. 사모님께서 먼저 떠나신 자리가 컸고, 나이 든 남자 혼자 지내야 하는 어려움이 눈에 선명하게 보이는 듯하여 더욱 마음이 편치 않았다. 넉넉하게 반찬을 해가서 나누어 드리면 고맙게 인사를 하시던 모습과 생신날 내게 음식을 캐더링 해 달라며 돈을 넣어주시던 마음 쓰심이 더욱 잊히지 못할 아픔으로 각인된다.

누구나 언제인가 떠나갈 이 세상에 나쁜 이미지를 남기지 말아야겠구나 하는 결심이 생긴다. 그동안 만들어 온 나의 세월의 흔적이 곱고 아름다웠으면 하는 소망이 생긴다. 그러기 위해서 어떻게 해야 하나 하는 고민이 오늘도 나를 떠나지 않는다.

　세상의 이치를 깨닫는다는 지천명의 나이도 지난 지 20여 년이 되었다. 욕심 없이 내려놓는 남은 시간을 잘 관리하며 얼굴값을 제대로 하고 산다면 더 큰 기대치가 없겠다. 그동안 무슨 불만이 많았는지 인상을 펴지 못해 생긴 미간의 주름을 보며 후회와 미안한 마음이 커진다. 각자가 모두 다른 모습으로 살면서 고맙게 잘 살다 간다는 말을 남길 수 있으면 좋겠다. 내 얼굴에 책임 있는 삶을 갈망하며 노력하고 싶다.

결혼 이야기

다섯 여자가 자리를 함께했다. 슬하에 자녀가 둘 아니면 셋이 있는 중·노년의 여인들이다. 모여앉은 여인들의 화재는 주로 가족에 대한 이야기와 자녀의 혼례 이야기들이다. 내 또래 노년의 여인들은 손자·손녀 자랑이 이야기의 핵심이고, 결국 남편에 대한 불만들이 섞인 험담을 폭로하는 얘기로 마무리되는 분위기였다. 남편과 사별한 처지에 있는 사람들은 그녀들의 이야기를 듣다 보면 복에 겨워 저러나 싶기도 하지만 때론 웃고 때론 티격태격하며 함께 살아 온 긴 세월에 왜 그녀들에게 권태인들 없겠는가 싶어 한편으로는 이해도 된다.

있을 때 잘하라는 말이 공연한 말은 아니지만 지나고

봐야 그때 그렇게 하는 게 아니었는데 하는 후회가 남는다. 치매 걸린 부인을 6년이란 짧지 않은 세월을 간병하는 분의 지고지순한 사랑에 감동도 받고, 나이 들어도 뻔질나게 사고와 말썽을 만드는 남편을 거두며 사는 지인도 있으니 연분의 힘은 대단하다는 생각이 든다. 검은 머리가 파뿌리 되도록 약속을 지키는 저력은 과연 무엇일까. 의문이 들지 않을 수 없으나 미운 정 고운 정이 아닌가 싶기도 하다.

한 시절엔 결혼식 초대에 참석하기 바빴고 그 시기가 지나니 돌잔치를 다녔다. 한때는 칠순 잔치나 나들이를 다니는 것이 삶의 기쁨이었으나 나이 든 요즘은 병문안이나 장례식에 가야 하는 일이 빈번하다. 옷장 정리에서 검은 옷만 남겨두라는 친구의 말도 이상하게 들리지 않는다. 가까운 지인들이 어느 날 갑자기 이승을 떠나 저승으로 자리를 옮기는 모습은 허무감과 허탈함에 빠져들고 인생무상을 느끼지 않을 수 없다. 남은 자는 쓸쓸하고 외롭기 마련이다.

만남이 있으면 헤어짐이 있다는 건 자명한 일이지만

친분 있던 어른께서 양로병원에 입원하신다는 말을 전해 들은 오늘은 넋 놓고 하늘만 멍하니 쳐다보게 된다. 모래알 중의 모래알 부부로 만나 한평생을 해로해야 했건만 먼저 떠난 배우자를 못 잊어 함께 못 간 그 길을 늘 한탄하시더니…. 남남이 서로 만나 이혼이나 사별 없이 평생을 같이할 수 있다는 일은 큰 복이란 생각이 든다. 피차 불쌍히 여기며 긍휼한 마음으로 두 손 꼭 잡고 마지막 순간까지 함께 가는 인생길은 꽃길일 것이다. 그렇게 살지 못했기에 더욱 애잔해 하며 매듭짓지 못한 옷자락 끝같이 아쉬움으로 마음 한편에 남는다.

 거리를 활보하는 젊은 사람들을 보면 고개 돌려 다시 보게 된다. 특히 결혼을 앞둔 선남선녀들의 모습은 한 폭의 아름다운 그림이다. 세상이 좋아진 탓인지 외모들은 모두 멋지고 예쁘며 화려하다. 젊음이 그리 아름다울 줄이야 전에는 몰랐던 사실이다. 청춘이 지나고 나면 짚단 무너지듯이 허망하게 무너지니 더욱 안타깝고 누리지 못한 그 시절이 아쉬워진다.

 부모님이 반대하신 결혼을 우기며 한 후회도 크고 잘

살지 못한 미련도 많다. 결혼식 때 내 손을 못 잡아준다며 오지 않는 아버지를 작은아버지께서 강제로 모시고 와 울면서 입장을 한 상황에 부연할 말이 없었다. 결국, 자식 이기는 부모 없다고 용서해 주시고 인정해 주신 부모님의 은덕은 지금도 감사를 넘어 눈물이 흐른다.

세월이 흘러 내가 그 자리에 있으니 어른들이 달리 어른이 아니다. 경험과 살아 온 세월의 힘이 어떤 지식이나 학식보다 크기에 사람 보는 눈이 있는 것이다. 웬만하면 어른들의 말은 듣는 것이 가당하지 않을까 생각해 본다.

혼기를 앞둔 자녀를 둔 이들은 돌아가면서 그들의 배우자에 관해 이야기를 한다. 올가을에 결혼 날짜를 잡은 한 친구는 며느리와 사돈댁 자랑에 끝이 없다. 만족한 결혼이 성사된 것을 축하하는 마음이 들었다. 신부가 한국 여성이라니 더욱 흡족한 것 같다. 글로벌 세대를 사는 시대라 국제결혼은 보편화된 추세이지 않은가. 부러운 듯 이야기를 듣고 있던 옆 친구가 얘기한다. 며느릿감을 소개하는데 중남미 여성이라 선뜻 오케이 소리가 안 나온다 했다. 사랑엔 국경이 없다고는 하지만 부모 세대는 동족의 배우자를 환영한다. 말이 통하여 의사소통이 잘되고 문화적 정서가 같기 때문일 것이다. 가만히 듣고 있던 한 후배는 한숨부터 내쉰다. 외아들이 자녀가 둘이나 있는 이혼녀와 사랑에 빠져 결혼하겠다는 폭탄선언을 했다고 한다. 자기가 아니면 그 여자를 돌봐 줄 사람이 없다고 승낙을 해달라고 애원이라니 어쩌겠는가. 절대 허락을 못 한다고 으름장을 놨지만 편치 못한 모자 관계가 이어지고 있는 형편이라 했다. 요즘 젊은이들은 편견에서 벗어나고 있고 과거와 현재를 분리해서 생각하는 의식이 특징이다. 본인의 뜻에 따라 자기대로 사는 세상이 된 것이다.

또 다른 친구는 아들이 남자를 데려와 동성결혼하겠다고 안 하니 감사하라고 말한다. 그 말에도 일리가 있었다. 어느 친구의 딸이 뉴욕에 공부하러 가서 일 년 동안은 방학이면 꼬박꼬박 집에 오더니 나중에는 도대체 오지를 않아 걱정된 부모가 어느 날 주소를 들고 찾아갔더니 레즈비언이 되어 여자랑 둘이 잘살고 있었다고 한다.

요즈음 대부분 가정이 자녀들의 결혼을 앞두고는 부모와 자식 간에 심각한 고민과 대립하는 갈등으로 집안이 평화롭지 못한 경우가 많다. 단순한 세대 차이만은 아니다. 시대적 상황이 달라졌기에 신세대와 구세대의 정신 풍토가 판이해졌기 때문일 것이라는 생각이 든다.

일탈의 행복

　자녀들의 효심어린 권유로 한국 방문 중에 숙소 가까운 대학병원에서 종합검진을 받게 되었다. 생각보다 간단한 준비에 과연 의료 선진국이구나 감탄하며 시키는 대로 숨을 고르며 눈을 감고 착실하게 검사에 임했다.
　고집 센 여자인 내가 이렇게 순한 양이 되어 불평 한 마디 없이 입을 꼭 다물고 하나하나 검사를 진행해 나갔다. 초등학교 때 검사해 본 방법과 달리 대변검사를 작은 튜브에 살짝 찍어 가져오라니 이런 의료 기술이 해마다 발전하는 것이 놀라웠다. 그러면서 의심도 생겼다. 이래도 정확한가 하는 묻지 못할 걱정을 혼자 하고 있었다.

머리끝에서 발끝까지 여러 기계의 도움을 받아 한나절에 모든 검사를 마쳤다. 온갖 풍상을 겪으며 70 평생 함께한 내 몸 검사가 끝난 것이다. 위내시경과 장내시경은 작년 말 이미 했기에 취소하고 대신 두뇌 검사를 좀 더 정확하게 하였다. 자주 낙상해 평행감각을 잃어 그럴 수도 있다 했고 치매도 무서웠고 중풍 또한 확률이 있었기에 고분고분 의사의 지시에 따랐다.

곧 귀가 날짜가 되어 결과를 우편으로 부탁하고 나니 내심 은근히 걱정도 되었다. 혹시 건강에 이상이 생겨 집에 돌아가지 못할까 하는 방정맞은 생각이 앞을 다투어 일어났다.

얼마 전 후배가 모처럼 한국을 방문했다가 머리가 아파 찾은 병원에서 말기 암이 발견되었다. 항암치료를 받다 그만 두 달 만에 쓸쓸히 떠난 일이 있었기에 소심해졌다. 떠나는 장소가 뭐 그리 대단한 일이라고 확신 없는 근심을 사서 하다니 혼자 픽 웃었지만 그랬다.

인간이 약해지는 순간은 비일비재 일어나지만 죽음 앞에서는 오죽 더할까. 이만큼 살았으면 감사하지 하는 마음 한편에선 그래도 아쉬운 생각도 들지만 악착같이 살아야겠다는 욕심은 생기지 않는다. 의지가 약해 쉽게 무너지는 나약함을 알기에 포기가 쉽게 일어난다. 강단 있고 끈기 있는 사람을 보면 존경심이 절로 생기는 이유이다.

드디어 커다란 봉투에 두 권의 얇은 책이 배달 왔다. 진단 소견서와 다이어트 책자였다. 자세한 결과와 3달 안에, 6개월 있다 재검사를 해야 할 것과 모든 수치가 설명되어 있어 내 몸의 건강 정리가 되는 듯싶었다. 항상 두려웠던 암과 치매는 아니라니 다른 병들은 고치면서 살면 된다고 혼자 위로를 하였다.

신토불이라고 한국에 오면 구미 돋는 입맛을 참을 수가 없게 된다. 만나고 보는 사람마다 인사가 음식 대접이고 나 역시 그러니 삼시 세끼는 기본에 커피는 당연한 2차 순서이다. 항상 오면 길어야 한 달 머물다 갔지만, 올여름에는 두 달을 체류하니 불어나는 몸무게는 과체중이 되어 평생 올리지 못한 저울 눈금을 단번에 갱신하였다.

갑상샘 종양에 당뇨에 지방간에 줄줄이 엮인 병명은 먹지 말아야 할 것이 먹을 것보다 훨씬 더 많았다. 보태어 받는 처방 약들은 시간 놓치지 않고 먹기도 당최 쉬운 일은 아니었다. 건강식들은 원래 맛이 없고 쓰고 시고 텁텁한 느낌으로 거의 손이 가지 않는다. 저절로 당기는 음식들을 멀리하라니 고문이 따로 없지 않은가. 주위의 가족이나 친구들이 성가실 정도로 걱정이니 이 또한 스트레스가 정도를 지나쳐 다른 병이 생길 것 같았다.

지나친 관심과 사랑은 부담도 되고 빚진 자의 심정이 된다. 불량식품도 가끔은 먹어야 면역이 생긴다고 우기지만 통하지를 않는다. 아무거나 잘 먹고 소화하며 회전을 잘하면 건강으로 가는 것이 아닌지 짧은 의학지식으로 괴변을 해본다.

요즘은 수많은 건강보조 식품들이 즐비해서 아프고 일찍 떠나는 사람들이 없어야 할 것 같은데 현실은 그렇지 않으니 아이러니한 일이다. 귀가 솔깃해지는 물품들 선전이 판단을 흐려놓아 나도 모르게 사서 결국 먹지 않아

쓰레기가 된 적이 여러 번이다. 낭비의 지름길이 이런 것이 아닐까 한다. 생각하고 따져보고 꼭 필요한 것인지 확인한 후에 구매하자고 다짐을 해본다. 어찌 되었건 참으로 좋은 상품들이 널려있는 세상이다. 너무 흔해서 귀한 것도 모르겠고 잘못 샀다고 버려도 미안한 마음이 생기지를 않는다. 물을 엎지르고 종이타월을 둘둘 말아 닦아버리는 아이를 나무랄 일이 아니다. 쌀 한 톨도 아끼고 흘리지 않았던 우리들의 근검절약의 미덕은 그땐 그랬지 하는 옛이야기일 뿐이다.

병을 키우지 않으려고 조심하며 신선한 채소나 과일, 생선만 먹다 내일이면 돌아가는 날이라는 아쉬운 생각에 의사의 권유에서 벗어나고픈 일탈의 감정이 들었다. 그 일탈은 매력을 지니고 있지만, 자신을 불행케 하는 요소를 가진 것을 알면서도 나중에 삼수갑산(三水甲山)을 가더라도 하는 심정으로 몸이 당기는 양념 닭과 자장면을 시켰다. 한국의 닭요리는 기가 막히게 친근감이 있고 맛이 있다. 자장면 또한 양과 비교하면 그 얼마나 저렴한가. 그날 모처럼 내 입은 호강했고 소원 성취한 행복을 갖게 했다.

해야 할 것과 하지 말아야 할 것을 가려주는 멘토와 같은 의사 선생님의 규범에서 벗어난 내 일탈의 하루는 나름대로 행복한 날이었다. 내 일탈은 고정 관념에서 벗어나고자 하는 사유로부터의 자유이기에 그 날갯짓은 오늘도 내일도 멈출 수가 없을 것 같다.

코로나 시, 여행의 단상

 한국행 비행기에 탑승한 나는 꼬박 13시간여 만에 무사히 인천공항에 도착했다. 비행 중 알류산 열도를 지날 때 무섭게 오르내리는 항공기의 흔들림으로 뭔 일이 날 것 같은 조바심과 불안으로 좋은 생각은 전혀 할 수 없었다. 방정맞은 시나리오를 한동안 쓰다 보니 위기도 이 또한 지나갔으나 바짝 마른 입술이 타들어간 느낌이었다.
 평판이 좋고 이름난 공항 내로 들어가 짐 가방을 찾았더니 커다란 자물통이 채워져 있었다. 아니 이건 또 뭔 일인지 놀라서 주의를 두리번거렸다. 코로나 검사 관련 서류로 한참을 입국 심사대에서 승강이를 하다 지쳐서 내려왔는데 벌어진 기이한 상황에 피곤이 그냥 몰려왔다. 누가 몰래 내 가방에 마약을 넣었나? 도대체 걸릴 품목은 애초에 넣지를 않았는데 팔짝 뛸 노릇이었다.

일 년에 한두 번 이상은 늘 다녀가는 내 조국이고 이런 일은 한 번도 겪은 적이 없었으니 큰일이 나긴 난 것 같았다. 안내를 받아 오른편 구석진 자리, 검열대로 가니 짐 가방을 열어 그 안에서 바나나를 꺼내면서 농수산물 불법 유입으로 20만 원의 벌금을 내야 한다고 하지 않는가. 나 원 참! 기내에서 준 바나나 한 개를 안 먹고 버리기도 그래서 가방에 넣은 게 탈이 난 것이다. 몰라서 그랬으니 선처를 바란다고 싹싹 빌고 풀어준 가방을 들고나왔다. 황당함이 이런 것임을 경험한 순간이었다.

코로나라는 전염병으로 인해 전 세계가 혼란에 빠져 있을 때 자가격리 면제를 받고 한국에 온 나는, 노란 명찰을 목에 걸고 버스로 어딘가 실려 가는 사람들 틈에 끼지 않고 마중 나온 친구 집으로 곧장 갔다. 다음 날 아침 가까운 보건소에 가 검사를 받는데 긴 솜 막대기가 코를 통해 목까지 내려오는 것 같은 통증을 느꼈다. 미국에서는 콧구멍에 넣어 간질간질하다 끝났는데 이건 견디기 힘든 고문과 같았다. 정말 두 번 다시 받기 싫은 검사였지만 3일에 한 번은 필수적으로 받아야만 했다. 아침마다 체온을 묻는 전화 통화에서는 체온계도 없을뿐더러 열은 받아도 열이 나진 않아 37도라고 한결같은 대답을 하곤 했다.

시내에서 만날 친척이 있어 전철을 탔는데 많은 사람들이 자꾸 이상한 눈으로 나를 쳐다보니 왜 그런가 어리둥절한 마음으로 서 있었다. 가까이 있던 아저씨가 나를 툭! 치더니 마스크를 왜 안 하냐며 주의를 주어 놀라서 얼른 꺼내 썼다. 정말 희거나 검은 종이 마스크를 안 쓴 사람이 하나도 없었으니 내가 잘못을 한 것이다. 미국에서는 헝겊 마스크를 즐겨 썼는데 여기는 거의가 94F 종이 마스크가 일률적이었다. 패션으로 이것저것 쓰는 미국과 차별이 되었고 규칙을 잘 지키며 개인 방역에 신경 쓰는 모습이 감동적이었다.

친구와 식당에서 콩나물국밥을 먹었다. 시원하고 개운한 맛에 비해 값이 어찌나 저렴한지 기분이 좋은 데다 팁까지 안 내니 매일 먹어도 질리지 않고 주머니 사정도 끄떡없을 것 같았다.

음식들이 무진장이며 맛이 좋은지 먹거리의 천국이 우리나라 대한민국이 아닐까 한다. 더군다나 신토불이 식재료들이라 건강식에다 토속적인 분위기와 맛이 일품이라 어디 가나 자랑하고 싶어진다. 미국 소고기만 먹다 한우라고 비싼 갈빗집에 가니 맛의 차이를 크게 느끼지는 못했지만, 가격은 제법 큰 차이가 났다. 본의 아니게 대접해준 분께 공연히 죄스럽고 신세를 진 느낌이 들었다. 하긴 한국 소들은 항생제나 방부제로부터 얼마만큼은 자유롭지 않겠는가. 다녀본 여러 나라를 생각해 봐도 음식은 우리나라처럼 건강식이고 정성이 깃든 나라는 드물었던 기억이다.

팬데믹으로 집에 있는 시간들이 많다 보니 각 방송국에서는 다양한 프로그램들을 방영하며 국민들의 시청률을 올리고 있었다. 평생 텔레비전을 안 보고 살아온 터라 관심 없는 나와 반대로 친구는 화면을 보며 흥분도 하고 박장대소하기도 했다. 때론 눈물도 흘리고 칭찬도 비판도 아끼지 아니하며 불안한 일상을 TV를 시청하며 위로받고 사는 것 같았다. 열풍인 트로트 경연대회를 함께 보자는 말을 거절할 수 없어 우린 같이 앉아 그 대회를 보았다.

가수가 되기 위해 열창을 하며 혼신의 노력을 아끼지 않는 참가자들이었다. 어느 누구를 탈락시키지 못할 만큼 실력이 대단했다. 정말 노래 잘하는 자랑스러운 한국인들이었다. 세계에서 음악만으로 이름을 알리는 수많은 성악가, 연주자, 가수 등등 대단하지 않은가. K-POP에서부터 영화, 드라마 같은 예술적인 분야에서도 한국은 두각을 나타내니 덕분에 해외에 사는 내 어깨가 으쓱해지는 때가 종종 있어 뿌듯하다.

온 세계가 무섭고 심각한 코로나 사태에서 하루속히 자유로워져 마스크 사용 해제의 날을 소원해 본다. 코로나 시국에, 한국 여행에서 경험한 단상들은 잊지 못할 추억여행으로 내 가슴에 오래 남게 될 것이다.

　해야 할 것과 하지 말아야 할 것을 가려주는 멘토와 같은 의사 선생님의 규범에서 벗어난 내 일탈의 하루는 나름대로 행복한 날이었다. 내 일탈은 고정 관념에서 벗어나고자 하는 사유로부터의 자유이기에 그 날갯짓은 오늘도 내일도 멈출 수가 없을 것 같다.

마지막 날

요즈음에 왜 그런지 세상을 떠나거나 아픈 사람들을 자주 만나게 된다. 하긴 내 나이가 있다 보니 자연스러운 일인지도 모르지만, 기분이 가라앉고 원치 않아도 그 줄에 서야 하는 처지를 생각해 본다. 골골 팔십이라고 걱정하며 신경 쓰인 분은 아직 자기 몫을 감당하시고 백 세를 장담하던 어르신은 어느 날 갑자기 부고를 전하니 생사 문제는 정말 우리들의 몫이 아님을 실감한다. 그래도 세상이 좋아져 평균수명도 길어지고 어지간한 질병은 다스리며 사니 감사한 마음은 늘 생긴다.

허리와 목에 디스크와 협착증이 심해져 생활에 불편이 찾아와 병원을 찾았다. 늘 한 시간 가까이 기다리는 지루함에 짜증도 나고 사전 예약을 왜 하는지 이해가 안 되었다.

 병원에 가면 아픈 사람 천지고 유원지에 가 보면 놀러 나온 사람들이 가득하고 관광 명소에 가면 휴가를 내어 오는 사람들이 많은 건 사실이다. 모이는 곳에는 기다림이 생기고 사연도 더불어 있지만, 건강에 문제가 있어 찾아와 시간을 보내는 처지는 순서를 맞는 그때까지 초조감으로 불안한 마음이다. 나약해지고 위축감도 생겨 좌불안석이 되는 시간이다. 내일이 있고 미래를 믿기에 우리는 계획을 하고 준비도 게으르지 않으며 내 것이 아니라는 듯 죽음을 생각하기 싫어한다.

 4월 21일 선종하신 프란치스코 교황께서 임종을 앞두고 쓰신 마지막 유언 같은 편지를 읽어보니 어떻게 살아야 잘 살았는지 깨달음으로 다가온다. 구구절절 마음을 치는 말씀들이 큰 다짐으로 자리를 잡는다. 어려운 사람들을 돕고 무시하지 말며 내 것이란 틀에서 벗어나 삶의 몫을 감당한다는 것은 어렵지만 해야 할 일이 아닌가. 모든 종교가 원하는 옳고 바르며 베푸는 날들의 값은 큰 것이다.

내 삶의 마지막 날이 궁금하기도 하고 한편으로 걱정 역시 생긴다. 평생을 아침 식사를 거르고 살아오니 만성 변비와 위장 장애가 찾아왔다. 병원을 찾을 때마다 더해 오는 약들은 밥보다 더 챙겨 먹어야 하는 애물단지가 되었다. 이젠 약기운으로 산다는 친구의 말은 농담이 아님을 실감한다. 소화제 한 알, 비타민 하나 먹지 않던 날이 엊그제 같은데 이미 온몸은 무엇인가 부족함으로 고장이 나기 시작했다. 과함보다 부족함이 더 크다 보니 삼시 세끼를 챙겨야겠다고 마음먹기 시작했다. 하루 한 끼도 사 먹든지 대충 해결하고 살아온 날들의 대가는 적지 않은 고생으로 만나게 되었기 때문이다.

아침 식사는 몸과 뇌의 시동을 거는 역할을 하며 건강한 생활을 유지하기 위한 중요한 습관이라 한다. 에너지 공급과 신진대사 활성화, 혈당 조절, 기분 개선, 건강한 식습관 형성을 이루어 하루의 전체적인 불규칙을 개선해 준다.

점심 식사는 단순한 끼니가 아니라 오후의 활력을 책

임지는 중요한 에너지 재충전 시간이다. 균형 잡힌 점심을 섭취함으로 건강 유지에 큰 도움이 된다는 것이다. 오후 활동을 위한 에너지 공급과 혈당 유지, 과식 예방, 영양소 균형, 스트레스 완화 및 휴식 시간이다.

저녁 식사는 하루를 마무리하며 신체 회복과 안정을 도와주는 중요한 식사다. 하루 에너지 보충 및 영양 균형과 수면의 질 향상, 신체 회복 지원, 과식 예방, 가족과의 소통 시간으로 정서적 안정과 유대감을 높이는 귀한 시간이다. 다만 너무 늦거나 과식하지 않고 짜고 달고 신 간식을 조심해야 할 것이다. 체중의 증가와 소화 불량의 원인이 되지 않도록 주의를 해야 하기 때문이다.

배가 고파지면 스트레스가 생기고 혈당이 낮아져 피로감, 무기력, 집중력이 저하된다. 탄수화물, 단백질, 지방과 비타민을 골고루 먹어 칼로리 소모가 원활해지고 체중조절에도 긍정적인 도움이 되길 바란다. 하루 삼시 세끼를 실행해야 할 이유를 찾아 결심을 한다. 그리하면 약 복용도 줄어들고 육신의 아픔도 완화되지 않을까 하는 기대를 해보며 담담하게 맞이할 마지막 날을 생각한다.

다시금 새겨본다

황혼빛에 기우는 나이가 되니 잔소리가 심해진다. 1절에서 3절까지도 긴데 후렴까지 하는 추세이다. 상대를 존중하고 경청하는 자세가 절실해지는 요즘이다. 내 얘기를 들어주지 않으면 무시당하는 기분이고 힘든 이야기를 해서 동조하지 않으면 미워지기까지 한다. 이런 고약한 심보가 어디 있단 말인가.

우리 할머니는 모든 일이 궁금해서 늘 염려 속에 물어보셨다. 어느 누구도 속시원한 상황 설명을 안 해주니 더더욱 궁금증이 꼬리를 물어 근심 걱정을 사서 하셨다. 가끔 아버지가… 엄마가… 옆집 아무개가… 고모가… 삼촌이… 어쨌다고 얘기를 해 드리면 그리 좋아하실 수가 없었던 기억이 난다.

　알 권리가 있어야 한다지만 모르고 사는 것도 편할 때가 있다. 모르는 게 약이라고 하지 않았던가. 차라리 몰랐다면… 하는 일들이 생기면 그건 말에 관한 사건들이다. 쉽게 하는 말도 어렵게 들어야겠다는 생각을 하게 된다. 여자로서 마음씨, 말씨, 맵시, 솜씨의 품성을 갖추어야 한다지만 그중 말씨가 가장 중요한 것 같다. 안 해도 되는 말을 해서 결국 말썽의 씨앗을 심게 되기 때문이다. 들은 말은 닫아 내보내지 말고 내놓은 말은 책임을 져야 한다. 길어야 두서너 달이면 벌써 돌고 돌아오는 발 없고 날개 없는 메아리 같은 말들이다. 목낭청조처럼 확실하지 않다면 아는 체도 들은 체도 말아야 하건만 끼어서 낭패를 보기 일쑤이다.

　오늘도 누가 실언을 했는지 들었는지 회초리보다 매서운 말 때문에 시끄럽게 우왕좌왕이다. 행여 지나치다 다칠까 싶어 피해 돌아왔지만 속상하고 안타까워 누군가 중재를 해주었으면 싶었다. 하긴 언어의 가시에 찔려 상처받지 않은 사람이 이 세상 어디엔들 있을까. 어느 누구나 크든 작든 아픔을 당했을 것이다. 그 상황을 지혜롭게 처신하는 것도 삶의 한 방편일 수 있다. 내가 생각하기엔 침묵이 가장 옳은 방법이 아닌가 생각한다. 옳다 그르다 대답 없이 가만히 있으면 거친 풍랑은 지나가게 마련이다. 침묵은 분별력을 지키지만 말들은 허영스럽고 부정적으로 몰아가기 때문이다. 홧김에 맞닥뜨린 뒤의 후회는 실로 크기에 늘 다짐하는 약속이다. 밟혀 죽은 지렁이는 꿈틀거리지도 못하니 묵묵부답하면서 책을 읽든지 명상을 하며 자신을 다스리는 경우이다. 동기부여를 않고 가만히 있으면 중간은 간다고 어른들께서 말씀하신 뜻을 알 것 같다.

 듣고 다물면 조용할 것이다! 눈으로 보면 어중띠고 답답해서 지적하는 경험담들이 절대 옳은 훈계가 아니었다. 제각기 편한 방법이 있고 습관이 있는데 왜 고집을 부려 썰렁한 분위기를 만들고 서로 언짢은 감정을 지녀야 하나 싶다. 큰일 나게 틀리지 않는다면 그냥 따라가는 것도 이젠 익숙해지고 있다. 궁금한 것도 알고 싶은 것도 어스러뜨리니 크게 걱정할 일이 없어졌다. 단순하게 모나지 않게 살아보는 일도 해보니 쉽게 되고 마음먹기에 따라 노하기 역시 더디 하는 묘책까지 따라준다.

어심에 간직한 불편한 감정은 애써 지워버리고 상처로 남기지 말아야 한다. 대화를 통해서 서로의 아픔을 알아 따뜻한 말 한마디에 격려로 치유의 결과를 얻도록 하면 좋을 것이다. 두고두고 못다 한 말이 가슴에 응어리져 있어 언제 꼭 풀고 넘어갈 숙제라 해도 때를 기다린다. 때를 놓치면 더 크고 아픈 후회와 회한으로 지친 인생을 살게 된다 해도 급히 나설 일이 아니다. 자정작용에 의해 저절로 말끔해지는 땅처럼 중용의 도를 지켜 기다림의 묘미를 깨닫고 싶다.

어지럽고 아스라한 세상 속에 남이 아닌 내가 할 일들은 안고지고 갈 나의 인생살이라는 생각이다. 모든 것이 마음먹기 달린 것이다. 주름진 삶에 얽매이지 않고 스스로 만족감을 얻는 혼자만의 여유도 만들어 봐야겠다. 침묵 속에 조용히 나를 만나는 시간은 꼭 필요한 일일 것이다.

입을 함부로 여는 사람은 자신을 파멸시킨다는 말도

있고, 입과 혀를 지킬 수 있는 사람은 역경 속에서도 자기 목숨을 지킬 것이라는 말도 있다. 아무튼 말이 많으면 허물을 면하기가 어렵고 입을 조심하면 지혜로운 사람이 될 것이라는 생각을 하며 침묵이 금이라는 말을 다시금 새겨본다.

저무는 날에 빛나는 우정

인간 생활에 있어서 사람과 사람 사이처럼 가깝고도 먼 것은 없다 가까이 있어도 마음이 없으면 먼 사람이고, 멀리 있어 보이지 않아도 마음에 항상 자리 잡고 있는 사람은 가까운 사람이니 사람과 사람 사이는 거리가 아니라 마음이 아닌가 싶다.

내겐 단 하루도 빠지지 않고 전화를 해주는 영혼의 교류를 함께하는 친구가 있다. 자칫 약 먹는 시간을 놓쳐 고생하는 내 모습을 본 후, 약 복용 시간을 알려주는 자명종 같은 친구이다. 미 동부에 거주해서 여기와는 3시간 빠르니 그곳 자정이 여긴 밤 9시다. 그 시간에 약을 복용하라고 7년의 세월을 한결같이 전화로 알려주는 친구이다. 사정이 있어 전화를 못 받으면 무슨 일이 났나 하는 염려로 내 딸에게로 연락이 온다. 친구의 정성과 우정은 나에게 든든하고 따뜻함 가득한 충만을 주지만 때론 마음에 부담이 된다. 꼬박꼬박 약 잘 챙겨 먹고 있으니 전화는 그만해도 된다고 해도 여전히 밤 8~9시 사이면 정확히 전화벨이 울린다.

 가끔은 자정이 넘도록 친구의 전화가 없는 날이면 도리어 내가 걱정되니 이 무슨 가스라이팅이란 말인가. 7년을 길들여 놓았으니 그럴 만도 하다. 뭔가 바쁜 일이 있었겠지 하며 잠이 드는 순간 전화벨이 울린다. 이곳의 9시를 기다리다 잠시 잠이 깜빡 들었다는 이야기를 듣고 나면 서로 안심이 되어 하루의 일과를 끝내는 기분이 드는 것은 서로의 마음 안에 있는 우정이 있기 때문일 것이다.

 지금 이 시대는 더불어 살면서도 철저히 혼자인 것이 우리의 삶이다. 어떤 것에 주의를 기울이는 마음 그것은 관심의 마음이며 사랑이 아니겠는가. 잊힌 것보다 무관심이 더 무섭다니 관심을 가져주는 분들에게 감사해야 할 일이기도 하다. 누군가 나를 위해 기도해주고 챙겨주는 것은 관심에서 오는 사랑을 받고 있다는 증거이다.

세상이 참으로 각박하지 않은가. 그러기에 우리에게 필요한 것은 누군가의 따뜻한 관심의 가슴일 것이며 따뜻한 관심의 가슴이 되어주는 일일 것이다, 관심은 서로 간의 교류이고 일방적인 행위가 결코 아님을 알면서도 내 성격은 특별한 용건 없이 전화하거나 먼저 안부 묻는 것조차 어려워하니 감정적으로 미숙한 상태인지 아니면 이기심의 발로인지 자기성찰도 하게 된다.

살다 보면 자신을 지키는 방어 수단은 어느 누구나 갖고 있기 마련이다. 특별한 경우를 제외하고는 남들 일에 별 관심을 갖지 않고 지내며 내 일 역시 남들이 필요 이상 아는 것도 불편한 것이 사실이다. 숨기려는 것보다 말하고 싶지 않기 때문이다. 원망을 하게 되는 큰 이유가 서로 속내를 잘 알아서 생기고 그로 인해 서운함이 쌓여 결국 서먹한 사이가 되는 일들을 허다하게 보아 왔기 때문이다.

친구 없이 사는 일만큼 무서운 사막은 없다고, 또 누

군가는 친구 없이 사는 것은 증인 없이 죽는 일이라고들 말한다. 그렇다면 나는 고귀한 보석 같은 친구가 있으니 무서운 사막을 홀로 걷는 것이 아니기에 행복하다. 우리가 서로 멀리 떨어져 있어도 가깝게 느껴지는 이유는 우리 사이에 흐르는 순수하고 뜨거운 우정 때문일 것이다.

　인생은 결국 사랑할 수 있는 주변이 있을 때 삶의 보람을 느끼는 것이 아니겠는가. 가슴을 활짝 열고 친구의 깊숙한 마음 언저리를 맴돌며 살아있음의 축복을 새겨두려 한다. 그리하여 우정의 영원함을 몸소 체험하고 빛나는 지상의 등불로 오래오래 머물도록 노력할 것이다.

　친구 없이 사는 일만큼 무서운 사막은 없다고, 또 누군가는 친구 없이 사는 것은 증인 없이 죽는 일이라고들 말한다. 그렇다면 나는 고귀한 보석 같은 친구가 있으니 무서운 사막을 홀로 걷는 것이 아니기에 행복하다. 우리가 서로 멀리 떨어져 있어도 가깝게 느껴지는 이유는 우리 사이에 흐르는 순수하고 뜨거운 우정 때문일 것이다.

촛불 난로

건강이 좋지 않은 친구가 있다. 살아 있어 내 곁에 있어 주니 만날 때마다 고맙기도 하고 대견한 생각이 든다. 도시를 떠나 경상북도 오지 시골로 내려가 자연과 더불어 살아온 지 10년이 넘었다.

인간에게 자연은 생명의 영양소를 항상 제공하며 대가를 원치 않는다. 노력하고 뿌린 만큼 거둘 수 있는 정확한 계산을 해주기도 한다. 산과 들, 강마다 퍼져있는 모든 음식 재료들은 육신만 움직이면 얼마든지 거둬들일 수 있다. 특히 봄에 돋아나는 나물들은 입맛을 새롭게 하며 영양 보충에 부족함이 없다. 풀 향기와 은은하게 남기는 씁쌀하고 달곰한 맛은 친구네 비빔밥의 대표적인 식자재다.

젊어서부터 몸이 아팠던 친구는 대학을 졸업하자마자 산속에 있는 절에 들어가 한약과 침술 치료를 받았다. 동양화를 공부했지만, 전공을 크게 살리지 못하고 마음속의 그림으로 소일을 하였다.

건강을 어느 정도 회복한 그녀는 오빠가 사는 미국으로 와 LA 동국대학 한의과를 졸업하고 면허시험에도 합격하였다. 그동안 한의학에 관한 많은 이야기를 나누면 속된 말로 돌팔이나 무면허 의사라 인정을 못 한다고 놀려대곤 했다. 이걸 먹고 이 자리를 누르면 효과가 있다 해도 소귀에 경 읽기였다. 어느 날 넘어져 발이 붓고 걷기 힘들어 급히 찾아가니 침과 부황으로, 또 치자 팩을 붙여서 낫게 해주었다. 언제부터인가 내 주치의가 된 기분이 들었다. 조금만 몸에 이상이 오면 급히 찾아가 해주는 밥도 맛있게 먹고 정성스러운 치료와 얘기도 듣고 오니 가까운 사이가 되었다. 물론 나이도 같았기에 더욱 쉽게 친해졌을 것이다.

17년을 미국에서 함께 지내던 어느 날, 늘 걱정이었던 심장에 이상이 와 급히 한국으로 돌아갔다. 대수술을 두 번이나 받고 살아났지만 와 보지도 못하고 몇 달이 지난 후, 한국에 와서야 반갑게 만났다. 나를 볼 때마다 건강이 우선이라며 아무거나 먹지 말고 제발 운동 좀 하라는 성화가 빗발치듯 했다. 호흡이 고르지 못하고 숨이 짧았어도 살아서 볼 수 있으니 꾸지람을 해도 고마웠다.

그녀는 2년 전, 또 유방암 수술을 하고 왼쪽 가슴과 겨드랑이 임파선을 제거해 옷을 입은 모습을 바로 바라보기가 민망스러웠다. 그래도 항상 내 걱정을 먼저 해주는 정이 많은, 세상을 통달한 것 같은 유연한 친구다. 긍정적인 생각으로 남은 삶을 설계하며 침과 한약으로 주위 사람을 돕고, 영혼이 풍요롭게 사는 모습을 보면 대단한 정신세계를 갖고 있다는 생각이다.

벚꽃이 흐드러져 떨어지고 철쭉이 초록 잎을 분홍으로 물들이며 이팝나무가 길가와 산을 하얗게 덮을 때, 친구 집을 방문했다. 얕은 산마루에 자두나무와 매실이 작은 열매를 가지마다 안고 있고 앞집 밭에는 마늘이 튼실하게 자라고 갓 심은 고구마와 고추, 참깨, 옥수수… 세월은 많은 것을 바꾸고 성장시키며 우리의 생각을 성숙하게 만든다는 느낌이 들었다. 손수 농사지은 곡식과 반찬으로 차려준 정성이 가득한 단출한 식탁에 앉으니 추운 저녁 기운이 주위를 감싼다.

늦은 봄치고 따사함이 없는 서늘한 날씨에 카디건을 가져와 입었다. 평지보다 산간지역이라 기온이 내려가니 감기 조심하라는 당부가 그치질 않는다. 난로에 불을 지피기도 성가시다며 커다란 냄비를 들고 온다. 거기에는 새것이 아닌 커다란 양초 7개가 불을 밝히고 앉아 있었다. 영롱한 불빛이 타들어 가며 온기를 남겨준다. 어느 단체 행사에서 쓰고 남는 초를 얻어와 이럴 때마다 요긴하게 쓴다는 부언이다.

우리는 촛불 난로를 사이에 두고 과거와 현재, 미래에 대해 담백하고 솔직한 대화를 나누며 흐르는 촛농이 고여 불이 꺼질 때까지 이야기 줄을 이어갔다.

살아 있음은 은혜다. 죽음이 데려간다 해도 살아 있는 동안은 축복이다. 천국을 소망하며 믿지만 사후의 한 과정이다. 자기 몸을 태워 따뜻함을 나누는 양초처럼 우리도 무엇인가 작은 사랑을 나눠야겠다. 친구의 배려 깊은 촛불 난로 옆에 앉아 내 황혼의 길에 동행하는 진솔한 벗이 있어 참으로 든든하고 행복하다.

노년의 불청객, 기억상실

노년이 되면 단어가 입안에서 뱅뱅 돌며 나오지 않는 경험을 누구나 한다. 나 역시 한참 이런저런 이야기를 하다 한순간 기억이 멈춰버렸다. 생각을 더듬어도 도무지 알아내지를 못하였다. "거 있잖아, 왜, 전에 같이 만났던 사람, 이름이 뭐였더라. 아무튼 그 사람이…" 하는 식의 대화를 반복하게 된다.

깜빡깜빡하는 건망증, 기억력 쇠퇴는 나이 들면 피할 수 없는 불청객이며 모든 것을 이상하게 만드는 요술쟁이 같다. 안경 끼고 안경 찾느라 헤매고, 휴대폰으로 통화하면서 휴대폰을 잃어버렸다고 당황하며, 자동차 열쇠를 주머니에 넣고는 열쇠 찾아 집을 샅샅이 뒤지는 행동들은 나이 들수록 잦아진다.

　며칠 전에 한 행동을 까맣게 기억 못 하는 예도 있다. 중요한 서류나 물건을 잘 둔다고 감춰놓고 못 찾아 마음고생을 한 적이 어제오늘의 일이 아니다 보니 건망증이 심해지면 치매나 알츠하이머가 아닐까 하는 불안감과 근심의 물결만 높아진다.

　연방질병통제예방국(CDC)이 데이터를 분석한 바에 따르면 45세 이상 성인 9명 중 한 명은 이전 해와 비교하면 건망증이 더 심해졌다고 답했다. 냉장고 문을 열었는데 왜 열었는지 생각이 안 나고, 분명히 잘 아는 사람인데 이름이 생각나지 않는 경험들이 다반사가 되는 것이다. 65세 이상 연령층 중 기억력 감퇴를 경험하는 비율은 40%, 그러다 85세 이상이면 되면 기억력 감퇴를 넘어 치매가 찾아든다. 두 명 중 한 명은 치매 환자가 된다고 한다.

　주위에 가족들이 치매에 걸려 온 식구가 고생하고 삶의 질이 떨어지는 것을 보면 암보다 더 무서운 질병이란 생각이 든다. 어린아이보다 더 아기 같아지는 분들의 천

진스러움이 측은하고, 인생무상과 연결되는 아픔의 슬픔이다. 걷잡을 수 없는 시간관념과 기억의 고갈은 아득한 길 위에 서 있는 기분이다. 차마 요양원에 입원시키지 못하고 고락을 함께하는 보호자를 보면 천사의 모습과 다를 바가 없다. 막무가내로 부리는 심한 투정을 달래가며 다독이는 그 속내는 사랑과 끈기가 없으면 할 수 없는 일이다. 추억의 일면들을 모아 옛이야기를 하며 좋은 일만 기억하려는 모습들이 역력하다. 욕심 없이 미움과 사랑의 그 형상 그대로 간직하면서 지나가는 인생에 매달리지 않고 타협하지 않으며 살아가는 현재를 받아들인다.

세상의 많은 잣대와 방법들이 즐비한 세태지만 인륜과 도리를 저버리지 않고, 묵묵히 자기가 해야 할 일과 해야만 되는 일을 고수하고 수습하는 마음가짐에 고개를 숙이지 않을 수가 없다.

어느 의사의 말을 빌리면 사람은 종종 잊는 것이 정상적인 일이라고 한다. 기억의 실패나 뇌 시스템의 결함이 아니고 일상적인 망각은 뇌의 기본적인 상황이니 까맣게 잊어도 큰 염려는 말라고 한다. 기억과 망각을 거치면서 뇌는 스스로 버릴 것은 버리고 중요한 건 저장하니 건망증은 두뇌가 건강하다는 증거라고 한다. 하루에 보고 듣고 느끼는 수많은 정보 중에 필요 없는 것들이 과도하게 쌓이면 그걸 다 기억하는 머리는 어찌 될까. 상상이 안 될 만큼 끔찍하다.

나날이 기억의 빛이 바래져 가는 노년의 불청객 기억상실. 그래도 겪어야 하고 극복해야 할 일이라고 여기며 하루에도 몇 번씩 "감사합니다." 이 말이 절로 나오니 나는 복 받은 사람이다. 감사하는 순간 뇌에는 쾌적 행복 물질 세로토닌이 넘쳐난다. 감사하는 마음은 뇌를 말끔히 씻어주는 청량제 구실을 하는 것이다. 수시로 깜빡깜빡해도 아직 눈이 보이고 귀가 들리고 몸이 움직이니 고마울 따름이다.

90세, 100세 사는 것이 신기하지 않은 장수의 시대. 체력 관리 못지않게 중요한 것이 두뇌 건강관리이다. 공부도 좋다. 도전이 필요하다. 새로운 경험들이 두뇌에 활력을 준다고 한다.

나는 다행히도 늙음을 받아들이면서 창의력을 발휘해 글을 쓰게 해주니 내 머리에게 고맙다는 마음이다.

개인과 사회를 망가트리는 사람들

우리가 살고 있는 이 시대는 진실이 왜곡된 거짓말(가짜)이 판을 치는 무엇이 진실인지 알 수 없는 세상이 되었다. 21세기는 속도, 가짜(거짓말), 해체의 문화라는 글을 본 적이 있다. 맞는 문화의 흐름이라고 공감한다.

남을 해치는 거짓말은 절대로 해서는 안 된다고, 모름지기 사람은 정직해야 한다고, 남을 속이는 거짓말은 나쁜 죄라고 배웠다. 나를 위한 거짓말 역시 생사가 달렸어도 함부로 하지 말라고 했다. 지금은 그런 가르침이 서서히 힘을 잃어가고 있다. 일생에 단 한 번도 거짓말을 한 적이 없노라고 자부하는 사람은 오히려 그 사람이 위선자임이 틀림없으리라.

거짓말에는 고의적인 거짓말만 있는 것은 아니다. 거짓말도 때에 따라 좋은 거짓말도 있다. 밥을 안 먹고도 물으면 체면 때문에 먹었다고 하는 거짓말도 있고 별로 반갑지 않은 사람을 만나도 정말 반갑다고 하는 선의의 거짓말도 있다.

고의적인 거짓말은 사회질서와 인간관계를 해치는 독소이다. 무책임하게 던진 거짓말이 경제침체에까지 영향을 줄 정도로 그 파괴력이 실로 엄청나다. 악성 거짓말에 시달려 또는 활개 치는 사기단에 속아 전 재산을 빼앗긴 후, 끝내 세상을 떠나야 했던 비참한 경우가 뉴스로 기사화되기도 한다. 퍼즐처럼 조각나 버린 마음을 제대로 맞추기까지 겪어야 하는 고통은 쉽게 해결될 일이 아니다. 사람이 살아가는 데 여러 가지 우여곡절과 또 한편 즐거움도 있지만, 그 가운데 가장 힘든 것이 사람과 사람 관계가 아닌가 한다. 이 시대는 속이고 속는 사람들이 너무 많다. 눈 뜨고 코 베이는 세상이다. 거짓말로 선동하며 남의 인생을 밟고 풍비박산을 내는 작태에 비애를 느낀다. 한정된 삶을 살면서 겪어가는 모든 일

중에 배신이라는 일은 상처도 크고 후유증도 심하기 마련이다. 믿고 가까이하던 이들이 친밀감을 빌미로 삼아 얼토당토않은 사기극을 벌이니 그 배신감과 절망적인 마음이 오죽하랴.

  사람들은 왜 이런 거짓말을 하며 살까? 아마 거짓말은 생존법의 일부이기 때문일 것이다. 약육강식의 생존 현장에서 힘없는 자들이 어떻게 정직으로만 맞서겠는가. 학위 거짓말도, 정치인의 거짓말도, 재벌의 거짓말도, 선의의 거짓말도 결국은 사회에서 밀려나지 않고 남보다 더 잘 살아남으려는 생존법이다.

  거짓말은 인간의 마음에서 비롯된 것이고 양심을 속이는 고통이 따르는 말이다. 거짓말을 많이 하는 사람은 늘 머리가 복잡하고 불안할 것이다. 하나의 거짓말을 감추려면 둘 셋의 거짓말을 또 해야 하기 때문이다. 그러므로 습관처럼 거짓말을 하다 보면 가슴이 조마조마하고 머리가 복잡하고 불안할 수밖에 없는 것이다. 누구든 거짓말한 것을 다 기억할 수 없으므로 언젠가는 자기 입으로 거짓말한 것을 들통 내며 신뢰성과 도덕성을 잃는다.

거짓말이란 흡사 서로 이어진 고리와 같아서 처음 한 번 잘못하면 그것을 합리화하기 위하여 다음, 또 다음 것을, 정당화하기 위하여 그다음… 하는 식으로 확대되어 나가기 마련이다. 그래서 일찍이 코르네이유는 "인간은 거짓말을 한 순간부터 좋은 기억력이 필요하게 된다."고 말했다. 거짓말을 하면 그것이 발각되지 않기 위하여 항상 정확하게 기억하고 있어야 한다.

거짓말하는 사람들은 두 가지 스트레스를 받는다고 한다. 하나는 거짓말이 탄로 나지 않을까 하는 정신적 불안에서 오는 스트레스이고, 또 다른 하나는 심리적인 부담에서 오는 스트레스라고 한다.

"모로 가도 서울만 가면 그만."이라는 속담이 있기는 하지만 거짓의 수단과 방법, 경로가 나쁘면서 좋은 결과, 아름다운 목적을 달성하기란 바늘구멍으로 낙타가 들어가기만큼이나 어렵다. 작은 거짓말이 돌이킬 수 없는 잘못이 되어 스스로가 묻힐 대가를 치르는 것이 거짓말의 최후이다.

거짓말을 한 사람들이 받는 최대의 형벌은, 그들이 진

실을 얘기할 때도 아무도 믿지 않는다는 것이다. 장수하는 어른께 장수의 비결이 무엇이냐고 물었을 때 한평생 거짓말하지 않고 정직하게 살았기 때문에 늘 마음이 평안하고 불안이 없는 일생이 행복한 장수의 비결이라고 했다.

사회와 개인을 망가트리는 사람들은 거짓말을 퍼트리며 위선으로 자신을 포장하고 행세하는 사람들이다. 그러나 시간이 지나면 거짓말은 드러나지 않은 것이 없고 알려지지 않은 것이 없지 않은가.

이 세상을 사는 사람들은 누구나 정직한 사람을 좋아한다. 정직한 사람은 밝은 분위기가 감돌아 만나는 사람을 기분 좋게 하며 호감과 신뢰를 준다. 최소한 거짓말은 하지 않으려고 노력하는 사람은 아름답고 자신과 가족, 이웃, 사회에 희망을 줄 수 있는 사람들이 아니겠는가. 하루속히 거짓말이 난무하는 이 세월이 지나기를 학수고대해 본다.

살아 있음은 은혜다. 죽음이 데려간다 해도 살아 있는 동안은 축복이다. 천국을 소망하며 믿지만 사후의 한 과정이다. 자기 몸을 태워 따뜻함을 나누는 양초처럼 우리도 무엇인가 작은 사랑을 나눠야겠다.

하늘 바라보기

 흰 구름이 흘러가는 저 푸른 하늘은 내 마음을 비춰주는 거울일까. 사는 것이 심란하고 외로울 땐 육신을 비춰주는 거울을 보듯 하늘을 본다.
 그럴 때마다 하늘은 항상 다른 얼굴로 나를 반긴다. 두 손을 활짝 펴 따뜻한 손으로 나를 안아 주는 듯하다. 그 하늘엔 고달팠던 많은 내 삶의 사연과 애달픔이 들어있다. 조금도 싫은 내색 없이 항상 내 마음을 받아주고 내가 실족지 않도록 한없는 도움과 위로를 주시기에 하늘을 바라볼 때는 편안함을 느끼며 어떤 신비한 힘이 내게 닿은 듯 생의 중압감에서 헤어 나오게 된다.
 황혼으로 기우는 나이가 되면 버리고 줄일 것이 한두

가지가 아니다. 잔소리부터 참견하는 것, 그 외에도 꿀 먹은 벙어리같이 묵묵불언하는 것이 좋다는 것을 알게 된다. 삶의 진정한 가치가 무엇인지도 이젠 조금은 아는 나이가 되어 인생을 아름답게 살고자 하는 마음이 솟구쳐 오른다.

만족은 나 자신 안에 있지 절대 외부에 있지 않다는 것, 혁신적인 변화의 세대를 거치면서 인생은 지나가는 것이지 매달리면 안 되는 것, 남과 비교하는 것이 아니고 어제의 나와 비교하면서 좀 더 발전하고 나아지기를 소망해 보는 마음이 깊어진다. 주어진 운명의 끝을 아름답게 마무리하는 과정은 후회보다 만족감이 좀 더 있어야 할 것이다.

나이 들어갈수록 시간은 빨리 흐르고 세월 가는 소리가 귓전에 윙윙 울린다. 영원한 것이 하나도 없을 이 세상에서 꼭 쓰려 했던 시간은 어느새 바닥을 드러내는 건천이 되는 것 같다. 시득부득 타고 말라서, 깨지며 부서지고 견디지 못해 사라져 버리듯이 어디에 있는지 흔적조차 모르고 말 것이다. 그 시간 속에서 나는 무언가 사랑해야 한다고 자신에게 말한다.

 빈 마음으로 홀로 앉아 시작된 글쓰기는 순간을 영원으로 붙잡아 놓을 듯 용기백배해 쓰고 또 쓰려고 한다. 글쓰기란 결코 들인 노력과 고통만큼의 보상을 기대할 수 없는 작업이라는 것을 안다. 그러나 내게 글 쓰는 일이 있다는 것, 더욱이 자신의 일에 대해 거의 신앙과 같은 열망과 깊은 애정을 버릴 수 없다는 것은 분명 축복이고 구원이 아니겠는가. 끊임없이 활시위를 당기노라면 어느 날엔가 바늘귀가 쟁반만큼 환히 열리리라는 믿음이 있기 때문이다.

 천편일률의 땅 위에 지쳐 다시 하늘을 보면 속이 시원하다. 하늘의 색이 고와도 구름 없이 텅 비면 허전하다. 구름이 오가야 넓은 하늘이 살아나고 하늘빛도 영롱하다. 구름은 가지 않는 것 같으면서도 가는 세월 같이 가고, 변하지 않는 것 같으면서도 변화하는 인생같이 바뀐다. 삶만큼이나 시시각각 변화무쌍한 구름이 우리의 살아온 날들 같아 공감의 폭이 넓고 크다. 짙은 회색 구름으로 온통 찌푸렸던 하늘에서 비라도 한바탕 쏟아지면 수분이 말라 시들었던 식물이 싱싱해지듯 내 체내에도 생기가 돈다.

비 개인 하늘엔 하나님의 약속의 증표인 무지개도 나타나고 부모님 얼굴, 선생님 얼굴, 그리운 얼굴들이 나타나 환한 웃음으로 함께 해준다. 마음이 어둠에 싸일 때 하늘을 보면 언젠가는 밝음도 있다는 것을 예시해 주는 듯하다. 하늘을 보는 동안 절망을 넘어서 무언가 희망을 갖게 되니 그것이 하늘 위에서 오는 빛이 아닐까 싶다.

하나둘 저물어가는 세월의 뒤안길에 아쉬움이 무한이지만 후회보다 발전을 기대해 보는 것도 부족함이 없는 하늘마음일 것이다. 허망함과 부딪치며 죽음의 평등을 고뇌하는 비견할 길 없는 오늘 하루가 행복이다. 맑은 영혼을 갉아먹는 욕심이나 미움을 내어놓고 푸르고 깨끗한 저 높은 곳을 우러러본다면 얼마나 세속에 찌들어 살아왔는지 쿵! 소리가 나는 가슴에 손을 얹게 된다. 잘잘못을 따지며 꾸짖지 아니하고 소리 없이 들어만 주니 고개를 숙이지 않고 올려 봐도 그렇게 당당하게 살라고 응원을 해주는 저 하늘이 얼마나 든든한지 모른다.

눈을 들어 끊임없이 하늘을 보고 하늘과 말을 하고 하늘의 넓은 자락에 나의 마음 전부를 내어놓는다. 하늘을 그리워하는 자, 사랑하는 사람에게 열리는 문으로 나는 훗날 사랑의 짐 하나 등에 지고 그 문으로 들어서고 싶다.

뭐가 뭔지요

아직 덜 여문 가을 속을 노부부가 유모차를 밀고 간다. 옆을 지나며 손주를 돌봐주시는 어르신의 모습을 정겹게 바라보는 순간, 강아지 한 마리가 아이 앉을 자리를 차지하고 부지런히 밖을 내다본다. 가난한 나라의 어린이들보다 호강하는 동물은 어찌 된 걸까. 누군가 짐승도 타고난 팔자가 있다더니 그런 건지 모를 일이다. 사람인 줄 착각하고 사는 반려견이나 길에 버려져 주인을 애타게 기다리는 비 맞는 개가 거듭 생각이 난다.

 인생의 대부분을 개와 고양이를 키워온 나도 동물 애호가는 아니어도 좋아하는 편이다. 작은 포메라니안, 몰티즈에서 지금 키우는 100파운드의 덩치값 하는 골든 리

트리버와 깡패라는 고약한 이름의 성격 까칠한 반려묘도 있다. 십여 년 같이 지내다 암에 걸려 얼마 전 안락사를 시킨 보더콜리는 이름난 들어도 가슴이 먹먹해진다. 동고동락하다 보니 가족이 되고 정도 쌓여 삶의 한 부분이 되었던 이별은 받아들이기 쉽지 않았다.

경북 친구집에 들러 오다 구미 낙동강 인근에서 의구총이라는 잘 꾸며진 개 무덤을 보았다. 어느 날 술에 취한 주인이 개와 함께 집으로 돌아오다 길에서 잠이 들고 말았다. 불이 났지만 주인은 일어나지 않았다. 자신의 털에 물을 묻혀 주인을 살리고 죽은 훌륭한 개를 기리는 무덤이었다. 일본 시부야역 앞에는 갑자기 죽어 돌아오지 않는 주인을 9년 넘도록 기다리던 충견 하치코 동상도 세워져 있었다. 사람도 못 한 일을 이루어낸 일이라 더욱 귀감이 되고 있는 것 같다. 또한 논을 갈던 농부에게 낙뢰가 떨어지기 전 밀쳐 살려준 소가 고마워 '의로운 소의 무덤'도 경북 청도에 있다. 전쟁에 나갔다 주인 대신 활을 맞고 죽은 훌륭한 말도 있었고, 전사한 주인을 싣고 온 말도 있었다고 들었다.

동생은 늦게 귀가해 집 문을 열면 모두 자는데 자기 개만은 기다리며 반가이 맞는다고 가족보다 더 가까이하던 기억이 새롭다. 인간과 동물 간의 깊은 유대감과 보은의 감사가 경이롭고 신통하기만 하다.

가구당 평균 1.2마리의 반려견을 기르고 있는 한국은 약 473만 마리로 추정하고 있다 한다. 거의 모든 가정이 키우고 있는 추세이지만 끝까지 책임지고 관리하는 가정은 얼마나 될까. 10여 년 이상 동고동락하며 살 수 있는 저들의 관심은 각양각색이다. 자식보다 더 귀한 대접을 하는 우리 조카딸도 있고, 보신탕 감이라고 이름조차 '보신'이라고 부르는 친구 집 아들도 있다. 보신탕이 사라진 지 오래이고 해서는 안 될 일이다만 농담으로 그렇게 부른다. 지금은 애완동물의 먹이, 옷가지부터 신발, 침대와 장난감까지 각양각색이다. 명품이란 이름의 목줄이나 목걸이까지 구매해서 보란 듯 다니는 개들은 상팔자가 맞다 싶다. 바닷가에 가면 선글라스에 신발까지 신고 모자를 곁들인 모양을 보노라면 세상 바뀐 것이 그것뿐일까.

애완동물은 끝까지 책임지지 못할 일이라면 애초에 기

르기를 포기해야 한다. 주인과 정들어 살다 다른 곳에 간다고 해도 쉽게 친근하지 못한 속성 때문에 마음이 아려온다. 시무룩해서 주는 밥도 안 먹고 애를 타게 만든다는 친척은 별의별 진미를 다해 줘도 무심히 바라만 본다며 속상해한다. 사서 고생이라며 주위에서 눈총을 주고 아무나 하는 일이 아니라고 한마디씩 거든다.

신혼부부가 아기를 낳아 더 이상 기를 수 없어 버린다니 귀엽고 불쌍해 덜컥 받아온 결과이다. 지극정성으로 고된 정들이기 중이지만 그 마음을 알아줄 날만 기다리며 최선을 다하는 모습이다. 개 앞에서 인간이 별짓을 다 하며 마음을 사려 하니 재롱을 사람이 부리는 촌극이다.

개와 사람과의 역사는 길고도 길다. 인간과 가장 가깝게 살아온 견공들은 나라마다 국견이 있으며 그 나라에 맞는 혈통과 기질을 갖고 있다. 우리나라 진돗개는 지혜롭고 영리하여 주인을 절대적으로 섬기니 유명세가 대단하다. 백구나 황구, 흑구와 회색빛의 재구와 흑백이 섞인 흑백구도 있고 호랑이 무늬의 호구도 있다지만 아직 만나보진 못했다. 국제적으로 인정받는 늠름하고 위풍당당한 한국의 토종견이다. 미국에서도 가끔 만나면 여간 반갑고 견주가 훌륭해 보이기까지 한다. 자식 자랑만큼 열정적으로 칭찬을 아끼지 않는 주인의 말에 맞장구치며 친구를 사귀려면 개를 기르라는 말을 생각해 본다. 상전인지 애완견인지 뭐가 뭔지 모르는 이 시대는 개만도 못한 사람들도 살고 있다고 하니 누가 그럴까.

숙명이라

 이탈리아 노트르담 성당 구석에 '아나키아'라는 글이 각인되어 있다. 그 글을 보고 영감을 받은 빅토르 위고는 소설 『노트르담의 꼽추』를 썼다고 한다. '숙명'이라는 뜻의 단어를 나 역시 심각하게 생각해 보는 편이다. 운명이겠지 하다가 결국 숙명으로 인정하고 혼자 위로를 받곤 한다. 내 능력과 처지로 안 되는 일의 종착역은 숙명으로 해결하며 어려웠던 과정을 내려놓게 된다. 운명은 해결할 기미가 어느 한 편 있다지만 숙명은 우리 힘과 의지로 안 된다니 어쩌겠는가.
 살아온 날들을 뒤돌아보니 기적 같은 일들이 한둘이 아니다. 본인보다 누군가 나서서 길을 열고 닫아주며 배운 걸 이해시켜 적응케 한 것이다. 그리하여 사는 삶이 지루하지 않고 성취욕도 가져다주어 험한 길을 헤쳐 나온 셈이다. 태어날 때부터 정하여진 운명이라며 포기하고 주저앉았으면 후회막급한 인생이 되었을 터인데 피하지 않고 받아들인 것이 무척 다행이다.

어렵사리 공들여 쌓은 탑이 한순간의 실수와 잘못으로 무너지는 일을 보았기에 정직하게 산다는 것이 큰 재산이며 힘이었다.

시원한 음색이 좋아 자주 듣던 목소리의 주인공도 솔직하게 잘못을 인정하고 빌었으면 좋았을 걸 거짓말을 반복하다 명예와 인기가 무너지고 말았다. 술 마시고 운전하면 안 되지만 어쩔 수 없이 일어난 일의 수습을 잘못했기에 더 큰 사건으로 만들고 만 것이다. 죄가 밉지 사람은 미워하지 않지만 어렵사리 쌓아 올린 공든 탑이 무너지는 안타까움에 공연히 측은했다.

반려견이나 반려묘를 기르는 사람들은 거의 알만한 개 통령이라는 사람도 갑질을 하다 그만 덜미를 잡혔다. 어색한 자리에 나와 기자회견 하는 영상을 보니 인간들의 욕심은 어디까지일까 하는 답이 어려운 질문을 하게 된다.

　모두가 주어진 사주팔자대로 산다 해도 내 인생은 나의 것이니 오롯이 지키고 관리하며 살고 싶지 않은 사람이 어디 있을까 마는, 노력 하나 없이 타고난 게 이러니 어쩌란 말이냐고 소리치는 사람들 앞에서는 어떤 말도 하기 싫어진다. 배려하고 도우며 살기에도 바쁘고 손이 모자라는데 기운 빼앗아 가는 그들은 이유와 조건이 더 많다는 사실이다. 결국 남 때문에, 세상 때문에 그렇다는 못난 말을 아무렇지 않게 하기 마련이다.

　점점 거짓과 가짜가 판을 치며 별의별 사건과 사고가 난무하는 혼란스러운 세태를 보면 평정심을 갖고 살아가야 할 것 같다. 근간엔 행복을 부질없는 단어라고 단정 짓기 전, 보다 나은 내일을 기대하며 위해서 애쓰고 노력하는 사람들을 만나고 싶어진다.

　얼마만큼 남아 있는지 모르는 생의 여정 속에 이제는 덤덤한 마음에 순순히 받아들이고 넘어가는 날들이 많아졌다. 따지기도 묻기도 싫으니 알고 싶은 일들 역시 더

더욱 줄어들기 마련이다. 이런 느긋해진 성품은 전혀 예상 못 한 일이 아니었던가. 진실보다 가십에 더 집착하고 궁금한 일은 꼭 알아내야 직성이 풀렸다. 모르면 무시당하는 기분에 안색부터 변해버리니 속내를 숨기지 못하는 성격 그대로 지내왔다. 괜찮아! 해도 얼굴은 안 괜찮다고 얘기를 하니 이것 보라며 채근당한 적이 많았다.

자신을 내려놓는다는 일은 생각처럼 쉬운 일이 아니었다. 비정상이 지극히 정상으로 각인되며 올바른 가치관이 순식간에 무너지는 현실에 아닌 척 모르는 척하며 숨바꼭질하듯 사는 일은 쉽지 않다.

사는 날까지 쉬지 말고 해야 하는 자책이라는 회개는 잘못에 대한 반성이기 전에 다시 하지 않겠다는 약속이기도 하다. 예전보다 할 일 없어서인지 줄어서 그런지 과거를 돌아보며 반성도, 추억도 하는 일들이 자주 일어난다. 나이를 먹는다는 것이 오묘한 인생의 역사를 되새기며 늦게나마 깨닫고 후회와 칭찬을 나눈다는 일이다. 그러다 막히거나 해결이 안 되면 들어 올리는 카드가 숙명이더라.

　빈 마음으로 홀로 앉아 시작된 글쓰기는 순간을 영원으로 붙잡아 놓을 듯 용기백배해 쓰고 또 쓰려고 한다. 글쓰기란 결코 들인 노력과 고통만큼의 보상을 기대할 수 없는 작업이라는 것을 안다. 그러나 내게 글 쓰는 일이 있다는 것, 더욱이 자신의 일에 대해 거의 신앙과 같은 열망과 깊은 애정을 버릴 수 없다는 것은 분명 축복이고 구원이 아니겠는가.

무지개를 보는 가슴에

 흐늘쩍거리는 빗소리가 자주 들리는 요즘의 LA 날씨다. 침울한 분위기에 진력이 나 모든 방문의 커튼을 열었다. 창문으로 속살거리며 찾아오는 회색빛의 인사가 반갑게 느껴진다. 나가기도 불편한 상황에 맞춰 집안에서 할 일이 무엇인지 찾아 꺼내 놓으니 가관이 아니다. 구석구석 쟁여 있는 오만 가지 필요 이상의 물건들이 한심한 듯 쳐다보고 있다.
 소비가 미덕이라는 이곳의 경제개념에 부응해 이렇듯 사재기를 한 건지 잔돈 쓰는 재미가 무엇인지 시험을 해 본 것 같다. 확실한 정리는 버려야 이루어지는 법이니 여기서 저리로 치우는 건 청소하나마나이다.

매월 셋째 주 화요일, 앞마당에 내놓으면 수거해가는 자선단체의 방문이 기다려진다. 고가의 물건은 세금 면제도 가능하고, 도와주어 고맙다는 인사 카드도 남기고 간다. 내일도 비가 온다는 일기예보인데 그래도 찾아오려는지 젖지나 않을까 하는 조바심을 갖고 여행 중 누군가 행렬 속에서 내 손에 쥐여주었던 색깔 고운 무지개 깃발도 담았다. 검은 비닐 네 봉지를 꼼꼼히 묶어 나 역시 고맙다는 글을 써 붙여 차도 옆에 세워놓았다.

비 개인 날이면 저 하늘 가까이 커다란 반달형의 무지개가 걸린다. 가끔 선명한 쌍무지개도 나타나 마음속에 공연한 설렘을 갖고 만나게 된다. 물과 지게를 합한 우리말로, 하늘과 땅을 연결하는 물로 만들어진 문이라는 뜻이라니 한글의 아름다움이 새삼 느껴진다.

예전에도 역사를 보면 그랬다지만 전쟁과 기근, 이상기온, 전염병 등 심각한 현재를 살다 보니 노아의 홍수를 생각한다. 세상의 악을 다스리려 물로 심판하시며 언약의 증거로 하나님은 무지개를 걸어 약속하셨다. 다시는 물로 멸망시키지 않으리라고. 고대의 잉카 제국 시대에는 연합을 결속하는 힘과 희망의 염원으로 무지개 깃발을 사용했다. 이탈리아에서는 전쟁을 반대하는 평화의 상징으로 무지갯빛 기를 집집마다 걸었다고 한다.

몇 해 전, 뉴욕 맨해튼 길을 걷는데 많은 사람들이 길가에 모여 있어 호기심에 틈을 찾아 한자리했다. 휘황찬란한 장식으로 사람과 자동차, 말 등이 온통 무지개 색깔로 장식되어 퍼레이드를 하고 있었다. 아이부터 어른까지 많은 성 소수자들의 행진이었다. 1978년 미국에서 성적 다양성의 의미로 성 소수자 인권을 상징하며 무지개를 사용하게 되었다 한다. 그리니치 동네의 어느 집 문 앞에는 무지개 깃발들이 꽂혀 나부끼고 있었다.

알래스카에 갔을 때 폭우가 쏟아지더니 얼마 지나 개이면서 산속에서 일자형 무지개가 솟아났다. 처음 보는 모습에 신기하며 이상해서 놀랐다. 반원형의 무지개만 보다 일자형 무지개는 생소했기에 차를 세우고 인증 샷을 남겨두었다. 그러다 얼마 전에 네바다 사막 위에서 또 일자형 무지개를 보았다. 공해가 없는 지역에서는 어쩌다 이런 현상도 생기는 것일까.

미국에서는 여섯 가지가 무지개색이다. 과학자 아이작 뉴턴이 발견한 '빨강 주황 노랑 초록 파랑 남색 보라'라고 외우고 있었건만 남색이 빠진다. 밝기와 물방울 크기에 따라 변화무쌍한 색들로 생성되는 무지개이기에 수많은 색깔로 볼 수도 있고 그렇지도 않기도 하다. 예전 우리나라에서도 오색 무지개라고 한 기록이 있지 않은가. 멕시코 원주민 마야인은 검은색, 흰색, 빨간색, 노란색, 파란색의 다섯 가지이다. 아프리카인들은 두세 가지 색으로 무지개를 표현한다니 줄곧 알고 있던 상식이 무너졌다. 모든 빛이 섞이면 하얀색이 되고 많은 색이 섞여지면 검은색이 된다니 빛의 하모니는 수백 가지로 나타날 수도 있다는 이야기다.

길게 이어지던 빗소리가 달아나면 분명 행운의 무지개가 나타날 것이다. 언제 보아도 신기하고 멋진 무지개가 뜨면 자연의 경이와 경건함에 마음속 가두었던 어두움이 쫓겨나리라 믿고 기대도 생긴다.

말하지 말 것

혼자 방 안에서 지내다 보니 이력이 났는지 나가기도 귀찮고 사람 만나기조차 성가시다. 소리에 민감한 탓에 시끄러운 밖은 정말 두렵기까지 한 성격으로 변하는 것 같다.

몸을 다쳐 행동도 부자연스럽고 빠르지 못하니 느림보 거북이형 인간이 되었다. 급한 성격은 그 어디 가고 천천히라며 읊고 다닌다. 혼자만의 동굴 속에서 지내다 모처럼 크루즈 여행할 기회가 생겨 담당자를 만나러 나갔다 오는 길에 교통사고가 났다.

퇴근 시간이라 트래픽이 심해 천천히 가고 있는데 갑자기 뒤에서 내 차를 부딪치며 받았다. 놀란 심장을 누르며 호흡곤란이 일어난 나에게 차 문을 열며 괜찮냐고 묻더니 앰블런스를 불러준다 했다. 사고는 냈지만 고마운 생각이 들어 기다리는 사이 그 운전자는 달아나 버렸다. 먼 거리였지만 휴대폰으로 떠나는 자동차 사진을 찍었다.

쇄골 뼈가 부러져 물리 치료 중에 또 다른 충격이 몸을 괴롭히니 방정맞은 생각만 날 뿐이었다. 자식이 말을 안 들어도 속상한데 몸이 말을 안 들으니 더 짜증이 났다. 인생의 흉년이 다가오는 기분이 들면서 마음을 파고드는 허전함과 상실감에 허덕이게 되었다.

나를 외면하는 평안을 만나 보려 이것저것 찾아보니 무조건 감사하는 마음이었다. 하나님이 지켜주지 않으셨으면 그 자리에서 떠났을 것이다. 내가 운전하던 차는 폐차되어 다시 만날 수가 없게 되었으니 말이다. 힘든 어제는 바꿀 수 없지만 오늘은 새로 만들어 갈 수 있지 않은가. 수리 형이 아닌 정비 형 인간이 돼 보자며 생각을 바꾸고 행동을 바꾸기로 해본다.

좋은 말도 몇 번 하면 듣기 싫은 법인데 다쳐서 아프

다는 말은 하기도 싫은 것이다. 그렇다고 안 할 수도 없는 상황이 생기니 난감하기 그지없다. "걱정하지 말라, 괜찮다, 별일 아니다."고 한 말을 하고 또 하다 보면 어디로 숨어버리고 싶은 심정이다. 하긴 걱정만큼 심한 부상이 아니니 무조건 감사하자는 말이 최우선이다.

사람은 치료하면 나을 테지만 다시 재생 못 할 자동차 같지는 않을 것이다. 이보다 더 큰 감사가 어디 있을까. 다만 사위 차를 운전하다 사고가 났으니 그 상황이 미안스러울 뿐이다. 출퇴근용으로 사용하던 하이브리드 자동차라 가까운 거리는 휘발유를 아끼자며 자주 이용하였기에 아쉬움이 더 컸다. 다시 차를 구입하는데 보험으로 나오는 중고차 금액에 적잖은 돈을 보태야 하니 경제적 손실까지 겹치게 되었다. 겸연쩍게 미안하다니까 괜찮다며 손사래를 치지만 새 차를 사서 주어야 마음이 편할 것 같다.

사위는 백년손님이라는데 딸을 보면 뭘 안 해주고 싶을까 하는 마음부터 앞선다. 아무 소리 말고 돌아가는 형편을 보고 결정해야 하니 묵묵부답하고 있어야겠다.

먼저 나서지 말고 가만히 있는 게 요즘 같은 경우엔 상책일 것이다. 말부터 앞세우면 실수가 따라올 것이고 침묵하면 무관심하다는 느낌이 들 터인데 나이 들수록 눈치도 지혜도 필요한 경우가 생긴다.

감출 말들을 누구는 아무렇지 않게 하는 과거 이야기 그리고 치부 얘기, 돈 자랑, 내 목표, 생색내기, 비밀 누설, 나만의 약점, 내가 가진 신념과 철학, 친구의 비밀, 내 재능 등 자기 속내나 남에 관한 이야기는 모르는 체하고 듣고 넘기는 것이 후에 시끄럽지 않다고 한다. 이야기꽃을 피우다 보면 본의 아니게 맞장구를 치게 되니 참으로 분위기 따르기가 쉽지 않은 일이다. 자기 실수를 합리화하는 가스라이팅이나 남들은 못하고 내가 잘했다는 나르시시스트가 되지 않기 위해서는 더욱더 말하는 것이 조심스럽고 때론 위험하기까지 하다.

영원히 속일 수 없고 수명도 길지 않은 가치 없는 말을 안 했으면 좋을 텐데 생각보다 어려운 일이다. 그러다 보니 사람의 만남이 조심스럽고 한 말의 책임을 느끼게 된다. 언어장애인이 아닌 이상 소통을 위해서도 말은 꼭 필요하지만 말하지 말 것이 무엇인지 분별은 해야겠다.

하면 되는 법

하루 두 번 출발한다는 필리핀 보홀(Bohol) 행 비행기는 만석이었다. 250여 명의 승객 중 외국인은 열 명쯤 될까. 거의 모두가 한국 사람이어서 무척 놀랐다. 가족끼리 아니면 연인처럼 짝을 지어 가는 여행은 즐거움과 웃음으로 한바탕 소란스러운 분위기였다.

그동안은 주로 세부(Cebu) 섬을 찾았지만 근래엔 보홀을 선호한다고 귀띔을 해주었다. 우리 여자 셋은 조카딸의 계획과 준비에 맞추어 자유 여행길에 오른 것이다. 노인 둘을 모시고 다니는 조카는 젊은이답지 않게 깊은 배려심과 침착함으로 일관하였다. 어디서나 눈과 귀가 되어 동서와 나를 편안하게 해주었다. 예약해 놓은 호텔도 마음에 쏙 들어 흡족했고 맛집들도 찾아내어 두루 다녔다. 기대와 꿈에 젖어 닷새간의 이국적인 삶을 시작해 보았다.

늦잠에서 깨어나 방 앞에 펼쳐진 파란 하늘과 망망대해, 야자수, 벌써 수영을 즐기는 사람들과 조각배를 타고 노를 젓는 모습을 보니 여행의 묘미가 느껴졌다.

금강산도 식후경이라 근처 식당을 찾으니 우리나라 사람들이 운영하는 가게가 부지기수였다. 젊은 사람들이 이국에 와 사업을 시작하는 용기 있는 모습을 보고 은근과 끈기의 한국인들의 열정과 노력은 칭찬하고 박수받아 마땅하였다.

어느 시골 마을을 찾아온 느낌으로 된장찌개와 생선구이, 부침개 같은 한식을 별미로 먹었다. 다녀 본 나라 중 어디를 가든지 한국 사람들이 살고 있어 반가움을 나눈 일들이 많았기에 역시 대단한 민족이라는 감탄사가 나왔다. 식후 가까운 거리에 한인이 운영하는 여행사를 찾아갔다.

인근에 관광지가 있어 다녀보려고 운전기사가 포함된

자동차를 8시간 빌리기로 했다. 값도 상상 외로 저렴하여 깜짝 놀랐다. 미국이나 제주도에 가서 렌터카를 빌린 비용의 절반도 안 되고 관광지까지 동행해 주는 기사분도 계시지 않는가. 무엇보다 소통이 쉬운 한인이 운영하는 회사였기에 더더욱 편하고 안전하다는 느낌이 들었다. 다만 한국말도 영어도 서로 잘 통하지 않는 분이 운전하는 묵묵한 자동차를 타고 가게 되었다. 급하면 통하는 전 세계 공용어인 보디랭귀지로 먼저 바클라욘 성당을 찾아갔다. 스페인 식민지 시대 때 건축된 가장 오래되었다는 고풍스럽지만 크지 않은 건물이었다. 옛 모습이 그대로 남아 있는 주위를 둘러보고 본당에 들어가 무릎 꿇고 감사의 기도를 드렸다.

40분 정도 머물다 눈이 크고 세상에서 가장 작다는 타르시어 원숭이를 만나러 갔다. 야행성이라 무성한 나무 이파리 속에 웅크리고 쉬는지 자는지 꼼짝하지 않아 보물찾기하듯 걸으며 눈 운동을 해야만 했다. 결국 안경을 쓴 것 같은 커다란 눈을 뜨고 살포시 바라보는 모습을 포착해서 운이 좋았다고 생각하며 사진을 찍었다. 뛰노는 귀여운 모습을 제대로 보지 못한 아쉬움을 뒤로 하고 다음 목적지인 초코레이트 힐(Chocolate Hills)을 향했다.

  1천 2백 개가 넘는 작은 산봉우리 같은 언덕들이 전망대에서 보니 장관이었다. 건기가 되면 녹색의 풀들이 말라 갈색으로 변해 붙여진 이름이라 한다. 계단을 따라 내려와 언덕 사이를 걸으며 살아있고 건강이 있기에 다닐 수 있는 은혜가 크고 감사해서 갑자기 뭉클해지는 감격을 주체하기 힘들었다. 선물 가게에 들러 기념품을 고르며 줄 사람을 생각하니 그리움과 사랑이 함께 모여 가방에 가득 담았다.

  조용하고 한가로운 하빈 해변을 걸어보고 예약한 8시간을 채우지는 못했지만 피곤이 몰려와 호텔로 돌아왔다. 수고해준 운전 기사에게 감사의 인사와 작은 성의를 건네주며 고맙고 따뜻한 마음의 교류가 커다란 웃음으로 오고 갔다.

  이틀을 푹 쉰 덕분에 일찌감치 서둘러 집합 장소로 갔다. 극구 못한다고 손사래를 쳤지만 할 수 있다고 반강제로 끌려가는 내 모양새가 가관이었다. 예전에 몇 달을 배운 수영 실력은 잠수와 발차기이다. 수영 강사도 가르치다 포기해서 서너 달 만에 쫓기듯 나온 스포츠 센터가 떠올랐다. 그때 포기하지 않고 배웠으면 오늘 이런 무안함은 없었을 텐데… 때늦은 후회는 하나마나였다.

배를 타고 바다 가운데로 가더니 물안경 쓰고 마우스를 물고 구명조끼는 입고 배에서 내려 물속으로 들어가는 것이었다. 겁많은 나는 저승길만큼 두렵고 무서워 절대 못 한다고 고집을 부렸지만, 가이드가 붙잡고 안심을 시키며 튜브에 끈을 묶어 내 손에 꼭 쥐여주었다. 조카와 동서도 서로 붙잡고 도와줘 물속을 들여다보니 '어머나! 세상에…. 이런 일이!' 기상천외한 바닷속 풍경은 장난이 아니었다. 산에 나무가 있듯 바닷속에도 숲이 있고 수많은 물고기 떼와 산호와 조개, 멋진 돌들이 자랑하며 나를 놀라게 하였다. 스노클링이라는 생전 처음의 경험은 포기하지 않고 도전한 값을 제대로 해주었다.

다음날은 발리카삭 섬으로 거북이와 수영을 한다며 신이 난 조카와 합세해서 선봉에 섰다. 어제 황홀경을 맛본 나는 안 데리고 갈까 봐 눈치를 보는 처지가 되었다.

희고 고운 모래 속을 오고 가는 거북이와 빛 고운 열대어 그리고 천혜의 자연산 산호초들은 평생 잊지 못할 보화 같은 존재들이었다.

절대 못 한다고 우겼으면 이런 진풍경을 어찌 보았을까. 하면 된다는 용기를 만들어 준 주위 사람들에게 고마움을 전한다. 돌아오는 길에 배 안에서 끓여준 라면 맛과 현지 가이드들의 신들린 떼춤과 K-POP 노래는 잊지 못할 후회 없는 시간이었다.

　영원히 속일 수 없고 수명도 길지 않은 가치 없는 말을 안 했으면 좋을 텐데 생각보다 어려운 일이다. 그러다 보니 사람의 만남이 조심스럽고 한 말의 책임을 느끼게 된다. 언어장애인이 아닌 이상 소통을 위해서도 말은 꼭 필요하지만 말하지 말 것이 무엇인지 분별은 해야겠다.

가슴앓이

우리네 인생은 단 한 번 주어진 기회다. 한 번 흘러가면 다시 돌아오지 않는 강물이다. 오로지 한 번뿐인 인생을 살다 보면 소원대로 되지 않는 일들이 참 많다. 그래서일까 우리는 이 귀중한 삶을 말 못 할 사연을 안고 가슴앓이에 시달린다. 홀로 갇혀버린 시간 속에서 심신의 고통으로 스스로를 힘들게 하고 지치게 하는 경우가 많다.

사람들은 세상사 뜻대로 되지 않는 일들 중에 세 가지로 인해 가슴앓이를 수없이 한다고 한다. 첫째는 자식이 마음대로 성장해 주지 않는다는 것, 둘째는 재물이 계획대로 모이지 않는다는 것, 셋째는 건강이 원대로 되지 않는다는 것이라고 한다.

　나의 경우는 변화의 두려움보다 게으르고 귀찮아서 새로운 일에 관심도 크게 가져 보지 않았고 안일한 삶에 만족하였다. 마음은 원이로되 육신이 약하여… 하는 핑계 아닌 말에 스스로 위로로 삼았으니 발전을 막는 큰 잘못이었다. 생명이 끝나는 날까지 배우며 익히고 알아야 어처구니없는 사건도 만들지 않고 주위의 신세를 지지 않고 스스로 설 수 있다. 컴퓨터나 휴대폰의 설정을 이해 못 하고 가르쳐줘도 며칠 지나면 다시 제자리니 자꾸 같은 일로 물어보고 눈치 보기도 짜증이 나고 만다. 답답한 일이 모이고 쌓이다 보면 내 뜻대로 되지 않아 가슴앓이가 시작된다.

　주변을 돌아보면 때론 얼굴빛이 어둡고 기쁨이 없이 사는 사람들의 모습을 보게 된다, 아마도 막막하다는 감정이 몰려와 가슴앓이하는 사람들로 보인다. 저마다 가슴앓이를 해야 하는 사연들이 있으리라. 제 앞가림 못하는 자식으로 마음이 아픈 부모도 있을 것이고, 짝사랑하는 안타까운 마음, 미움 때문에 괴로운 마음도 있을 것이고, 또 매달 지출해야 하는 금전적 부족으로, 또 기대하며 기다리는 소식을 받지 못해서, 보고 싶은 사람을 만날 수 없는 그리움 때문에 저린 가슴 등의 가슴앓이들은 물속에 깊이 들어가서 빠져나오지 못하는 상태와 같은 것이 아니겠나 싶다.

 인생이 힘든 것은 어느 누구도 내 삶을 대신해서 살아줄 수 없다는 것이다. 지치고 아파도 홀로 개척하며 나아가야 한다는 근원적인 외로움과 슬픔이 있기 마련이다. 가슴앓이를 떨쳐내고 행복해지고 싶다면 먼저 자신을 위로해야 하며 마음에 평화를 얻어야 할 것이다. 마음이 아프고 슬픈, 감정적으로 괴로운 고통을 치유해야 낫는 병이니 자신의 노력과 인내가 필요하리라.

 시간이 약이라는 어른들의 말씀을 생각한다. 흐르는 시간 속에서 극복의 발돋움으로 배우고 익히는 연습을 거듭하자. 그리하여 자신이 처한 상황을 그대로 받아들이며 긍정적인 생각으로 잘될 거라는 믿음을 가져 보자. 아픔이 치유되며 가슴앓이에서 해방되리라 믿어지니 세월만이 처방 약이 아니겠는가 싶다. 나의 아픔과 상처는 더 강해질 수 있는 조건이 될 수 있지 않을까. 노력은 언제나 이익을 가져온다. 미루거나 게으르면 바꿀 수가 없다.

헛되고 헛되니

언제부터 한국 날씨가 동남아 기후같이 변했는지 걱정이 된다. LA의 더위하곤 격이 다를 만큼 무덥고 습해서 견디어내기 수월치가 않다. 오라는 사람도, 가고 싶은 곳도 크게 없다 보니 거주하는 아파트에 종일 에어컨을 켜 놓고 소일한다. 나가봐야 땀만 범벅이 되어 오니 외출이 썩 내키지 않는 귀찮은 일이 되었다. 웬만한 물건들은 배달해 주는 서비스가 있으니 바깥세상을 찾아다니기는 꾀가 난다. 뭐든지 직접 보고 구매해야 직성이 풀리던 날이 엊그제 같건만 싫든 좋든 문 앞까지 배달해 주니 무조건 고맙다.

하루하루 내게 주어진 삶을 생각하며 한정적인 시간

속에서 원하고 누리던 날들에 감사와 뿌듯함을 느낀다. 적잖던 불평과 욕심이 점점 줄어들고 이 순간 살아있음이 기쁨이고 은혜 같다. 보이는 것으로 판단하고 경제적 가치를 우선으로 삼으며 자신에게 실망하던 세속적인 가치관에서 진즉 벗어났다면 좀 더 편안한 인생을 꾸미지 않았을까 하는 후회와 미련이 남는다.

세상은 더불어 사는 곳이다. 독불장군은 늘 외롭고 허전하여 고집만 늘어갈 수밖에 없을 것이다. 타협보다 우기는 일에 더 치중하여 화근의 뿌리를 심다 보니 따돌림을 받는 경우가 있지 않았던가. 공감하지 못하고 이해하려 들지 않아 오해를 사서 잃어버린 진정성을 회복하기 쉽지 않은 날들이 있었다. 죽는 날까지 배우고 깨달아야 편안히 눈을 감고 칭찬은 아니어도 미운 소리는 듣지 않을 것이다.

성경에서 「전도서」를 읽다 보면 나의 어리석음과 무능력, 실수들이 비수같이 가슴에 꽂힌다. 모르고 한 건 그나마 용서가 된다 해도, 알고 한 짓은 고약하기 그지없는 일이 아닐 수 없다. 인생의 허무함과 덧없음을 알고

서는 본인이 이루어낸 성과와 수고가 무상하다는 것을 깨닫게 되었다. 선생님께서 잠자리에 들기 전에 꼭 한 장이라도 매일 읽으라고 부탁하신 말씀이 무엇인지 성찰하는 기회였으니 아껴주심이 크다. 무한하지 않은 인생의 한계를 느끼면서도 작은 내 생각과 미련들이 바른길을 막는 가시였기에 과감히 꺾어버리려 결심을 해본다.

 어쩌다 만나는 친구들을 보면 부러운 것이 한둘이 아니었다. 내가 없는 것을 가진 그들을 보면 초라한 내가 미워지고 잘못 살아온 것 같은 비애를 느끼기까지 하였다. 주눅이 드는 건 아니어도 그 자리에 있고 싶지 않고 있어도 안 될 것 같았다. 묻는 말에 겨우 대답만 하곤 바늘방석이 따로 없는 그 자리가 낯설어졌다. 할 말도, 하고 싶은 말도 별로 없었기에 꿀 먹은 벙어리 꼴이 되어 간단한 대답으로 모든 인사를 대신했다.

 사람이 모이면 말이 숲을 이루고 남의 허물을 덮기는커녕 파헤치기 일쑤다. 제대로 살아오지 못한 인생길에 여한이 남고, 알려주기 싫은 비밀같지도 않은 속내를 열기에는 부담스러웠다. 나를 드러내는 언짢음을 떠나 묵묵히 나의 갈 길을 걸으며 조용히 살고 싶다. 혼자 있음이 느긋하고 작은 내 세상이 평안하여 뒷방 늙은이처럼 나름 즐기는 생활에 젖어 들었다. 이 방법도 해보니 나무랄 것 없이 순탄한 일과이며 하루였다.

 이젠 죽음 앞에서 아무 소용없고 무상한, 세상의 성공, 명예와 부, 쾌락과 수고는 "모든 것이 헛되고 헛되며 헛되고 헛되니 모든 것이 헛되도다"라는 「전도서」 1장 2절의 말씀을 깊이 새겨듣게 된다. 무엇보다 하나님을 경외하는 삶이 가장 지혜롭고 옳은 길이기에 이제라도 깊이 있게 살고 싶다.

8월을 돌아보며

 어수선했던 팔월이 지나간다. 이틀 밤 내내 귓전을 맴돌던 빗소리가 잦아드니 함께 떠날 채비를 하나 보다.
 때아닌 홍수와 지진, 산불로 가슴 쓸어내리며 지낸 조바심의 나날들이 과거라는 시간 속에 묻혀간다. 기록은 경신되기 위해 존재한다 해도, 불행한 기록들은 언제고 그대로 머물렀으면 좋겠다는 소망은 어이없이 무너지곤 한다.
 역사상 가장 뜨거웠던 올여름은 세계 평균기온과 해수면의 평균온도를 최고치로 끌어 올리는 신기록을 세웠다. 수십 년 또는 수백 년, 아니면 더 오랜 시간을 거쳐 벌어지는 무서운 재앙과 사건들은 생존의 길을 두렵고 불안감에 시달리게 한다. 지구 온난화의 결과와 시도 때도 없이 벌어지는 자연재해, 내가 조심한다고 되는 일보다 숙명의 그릇에 담을 수밖에 없는 노릇이다. 이러다 보니 우리가 성장하던 어린 시절의 낭만과 안위함이 새삼 그리워진다.

추억을 쌓으며 사는 우리는 희비가 엇갈린 순간의 사연들이 언제나 공존한다. 미래로의 일보다 과거의 사연들이 대부분이고 지나온 시간의 잔재들이 새로운 현실이 되어 나타난다. 나의 경우에는 여행이 늘 새롭고 잊히지 않는 삶의 순간들이다. 언제 누구와 어디에 며칠을 다녀왔는지 새록새록 기억이 나며 후일담을 즐기게 된다. 특히 고생한 일들은 화젯거리가 되어 선문답하며 한 편의 드라마를 보는 느낌이다.

이젠 점점 나이에 숫자가 더해지니 예전처럼 흥미진진한 도전적인 여행은 엄두가 나지 않는다. 고생담보다 편하고 여유롭게 다니는 여행이 주가 되었다. 자동차나 항공 여행보다 크루즈 여행이 느긋하게 다녀올 수 있으니 지루해도 그런대로 여유 있는 방법이다. 건강하게 살아야 즐기며 나누며 동행하는 길이 오붓하지만, 점점 자신을 잃어가고 주위에서도 떠나는 발목을 잡아 놓는 일이 생긴다.

백세시대라고 내게는 자신 없는 말들을 하지만 숫자보다 내용이 있어야 하지 않을까 한다. 주위 사람들에게 걱정이나 폐를 끼치며 오래 사는 건 정말 원하는 일이 아니다. 기억력이 떨어져도 치매만 아니면 감사하고 주위 사람들이 항암을 하는 어려움을 당하지 않으면 만족이다. 마음대로 뜻대로 되는 세상일이 아니니 그냥 소망을 가져 보고 하루의 삶이 고맙고 큰 욕심도 수그러든다. 생명줄 있는 날까지 신세지지 않고 스스로 가눌 수 있는 날들로 이어지기를 소원해 본다.

내 인생은 나의 것이라지만 남을 돕는 위치가 아니면 아무리 내 것이라 해도 쓸모가 없는 것 같다. 좋은 음식을 섭취하고 알맞은 운동을 하며 저 높고 높은 백 세를 향하여 간다고 한들 겪어야 할 많은 일이 쉽지만은 않다. 이젠 나이보다 하루를 살아도 당당하고 누군가에게 신세 지지 않는 자리라면 좋으리라. 필요를 충족시켜 줄 수 있는 위치에서 나누고 베푸는 여건이면 뜻깊은 삶이 지 않을까.

한 여름밤의 꿈같은 시간을 기억하며 다시 오지 않을 지금, 이 순간을 사랑하련다. 까다로운 조건들을 건너서 영근 세월을 간직하며 생명이 있어야 만날 내년 8월의 꿈을 안고 기다려 보고 싶다. 있을 수 없는 일들이 나타나 설왕설래하는 두려움과 걱정을 안겨준 올 8월은 신기록의 저장소에 가둬두고 다시 꺼내 보지 않기를 고대한다. 8월의 무더위와 홍수, 무서운 화마가 휩쓴 내가 사는 로스앤젤레스는 상처를 감싸며 보듬어서 더 아름다운 천사의 도시로 거듭날 것이다.

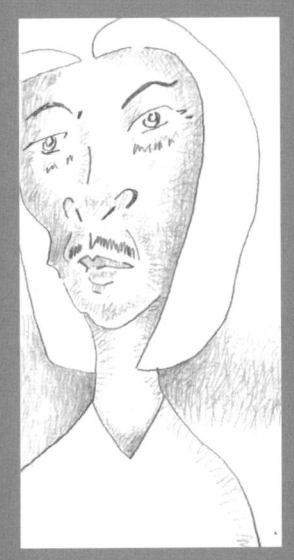

한 여름밤의 꿈같은 시간을 기억하며 다시 오지 못할 지금, 이 순간을 사랑하련다. 까다로운 조건들을 건너서 영근 세월을 간직하며 생명이 있어야 만날 내년 8월의 꿈을 안고 기다려 보고 싶다.

2022년 11월

서늘한 된바람의 냉기가 찾아오는 11월이다. 인간은 지상의 나그네라고 한다. 길을 가는 동안 인간이 경험하는 일들은 천차만별이며 예상치 못할 사건들로 엎치락뒤치락하지 않았던가. 현재만을 소유하며 미래는 뒷전이고 남들과 비교하는 삶을 살 때와 용서는 약한 사람이 하는 것으로 인식해 온 미련함도 한몫했다. 실용적이지 못한 지식을 나열하듯 진실을 잃고 살아온 날들이 많았다. 뜻대로 되는 기쁨보다 안타까움이 더 많은 것이 우리네 현실인데 그중에서도 생명과 관계된 건강 문제이다.

올해도 여러 가지 일들로 11월에 한국에 왔다. 살아생전 보고 싶다며 찾으시는 병석의 친지 방문이 우선이었다. 코로나도 적당히 수그러들어 전처럼 힘든 과정은 생략되었기에 느긋한 마음으로 찾아왔다.

3일째 되는 날, 지인들과 저녁 식사를 하고 집에 와 누웠는데 열이 났다. 아무래도 심상치 않아 병원을 찾으니 코로나가 의심된다며 검사를 요구했다. 내국인은 검사비가 3천 원인데 외국인은 5만 원이었다. 한국 국적 포기한 대가가 시작되는 순간이었다. 음성으로 나와 해열제 주사를 맞고 처방 약을 먹어도 사시나무 떨리듯 추운데 체온은 40도까지 올라갔다. 겁이 난 친구는 급히 응급실에 입원을 시켜줬다. 여러 검사 끝에 신장염이라니 처음 겪는 병명이었지만 치료하면 나을성싶은 몹쓸 병은 아니었다. 다행히 열도 떨어지고 의사의 허락도 받아 제주도에 먼저 가 있는 가족의 숙소로 이동했다.

도착해서 기운이 없어 누워있다 잠이 들었는데 점심 식사하자고 동서가 깨우더니 놀란다. 또 열이 오르기 시작해서 그곳 가까운 의원에 가니 속히 제주시의 큰 병원으로 가라는 재촉이다. 전날 온 시누이도 마켓 앞에서 넘어져 왼팔이 골절되는 일로 급히 돌아가는데 나 역시 동행해야만 했다. 아침에 도착해 누워 있다 저녁에 돌아가야 하는 어처구니없는 일이 생겼다.

다시 친구 사돈의 배려로 대학병원 응급실에 입원해 치료를 받으며 검사를 다시 하고 병원비는 보험이 없다는 이유로 대책 없이 지급해야만 했다. 미국에서는 메디케어가 있어 거의 무료이건만 경제적인 현실보다 고통과 불안감이 커져 모든 검사는 다 받았다. 살고 싶다는 욕심보다 여기서 이렇게 죽기가 싫은 마음이었다.

3주간의 천신만고 고생 끝에 완치판정을 받고 베트남 여행을 가족 모두 다녀와서 귀국할 예정이었다. 몸이 고되니 자녀들과 집 생각이 간절했으나 여기라도 다녀와야 은근 서운하지 않을 듯했다. 조카의 전화를 받기 전까지는 그랬다. "큰어머니 때문에 여행 취소입니다." 아니 왜 나 때문에? 미국 국적은 비자를 받아야 입국 허용인데 빨라도 2주 이상 걸린다니 아득했다. 내 걱정하지 말고 다녀오라 해도 막무가내이다. 다음에 오실 때 비자를 받아오면 그때 함께 가자 한다.

병원에서 지낸 날들과 가족 여행도 사라진 서운함에 궁

여지책으로 일본 오키나와 여행을 3박 4일 다녀와서 LA행 비행기를 탔다. 일본의 여러 곳을 가 보았지만 오키나와는 기대치보다 실망이었다. 미국에서 온 사람이 미군기지와 미국 슈퍼마켓을 관광코스로 가니 난감한 생각뿐이었고 습한 분위기가 내 아픈 육신만큼 우울해 보였다.

친구 동생도 남편이 불의의 일로 숨을 거두고 정신적으로 어려워 버지니아에서 한국에 와 며칠 쉬다 눈이 아파 안과에 갔다. 심각하다며 큰 병원으로 이송한 결과 눈과 머리와 온몸에 암이 퍼져 당장 입원하라 했다. 어제까지만 해도 저녁 식사를 함께하며 웃으며 헤어졌는데 갑자기 이 무슨 날벼락인지, 세상사가 도대체 무슨 생각과 계획을 세우고 살아야 하는 건지 머릿속이 텅 빈듯하였다. 생과 사의 갈림길에 섰을 때, 무슨 생각이 먼저 드는지 기억해 보니 인간은 약하고 끝이 있는 존재임을 알 수 있었다. 그 동생은 급히 달려온 딸의 손을 잡고 다시 못 올 길을 53세에 허망하게 떠났다. 하늘이 주신 만큼만 살다가는 건 불만이 없는데 고통과 재정문제와 이국에서의 쓸쓸한 생의 마감은 아닌 것 같았다.

  내 집이 있고 내 가족과 자녀가 있는 곳이 내 누울 곳이라는 생각이 든다. 하지만 그 또한 내 뜻대로가 아니니 한 달 남은 2022년을 더 큰 일 없이 무탈하게 마무리하고 싶다.

2023년 11월

올해 11월엔 왜 한국에 왔을까? 5월에 딸 가족이랑 와서 두 달이나 머물고 갔는데 다시 오게 되었다. 연예인도 아니건만 쫓기듯 아침에 갔다가 저녁에 돌아온 제주도 방문과 나 때문에 모두 가지 못한 베트남을 한풀이하듯 다녀오려 비자도 만들어 오고 호텔 예약도 해두었다.

사실 더 큰 목적은 고국에 작은 아파트 한 채를 장만해 놓고 오고 가는 가족들이 여유 있게 머물면 좋을 것 같아 자녀들과 결정하고 온 것이다. 도착 이튿날, 마침 문학 행사에 미국서 오신 선생님과 참석할 기회가 있어 더욱 의미 있고 보람되어 뿌듯한 마음이 생겼다.

3박 4일의 일정 속에 둘째 날 강의가 끝난 저녁에 왼

팔은 선생님과 팔짱을 끼고 오른손은 책가방을 들고 화기애애하게 이야기를 나누며 나왔다.

출구 옆에 흡연 인을 위해 만들어 놓은 일반 담배와 전자 담배용의 두 칸의 방을 보며 신기했다. 시 당국의 배려인지 애연가의 요구인지 감탄하며 웃다 넘어지면서 오른쪽 어깨가 땅에 부딪혔다. 엉킨 팔 때문에 내 몸 위로 겹쳐진 선생님도 몸이 눌려 결리셨고 나는 모여드는 사람들 틈에 무안하고 창피스러웠다. 안간힘을 쓰며 일어서려니 도저히 내 몸이 나의 것이 아니었다. 사고는 예상할 수도 없거니와 대처할 수 있는 불행이 아니었다.

겨우 추슬러 호텔 로비에 와서 병원에 가려니 퇴근 시간이라고 119구급대를 불러주었다. 사건이 있는 현장에서나 보던 119구급차에 실려 갔다. 구급대원이 응급실 상황을 점검하더니 어느 병원에 내려놓고 떠났다.

엑스레이를 찍으니 빗장뼈가 두 동강이 나 있었다. 뼈를 깎는 고통이라더니 당장 수술을 권했지만 아무 연고 없는 곳에서 일주일 이상 입원은 불가능하였다. 다음날 올라와 친구 동네 병원에 절차를 밟아 수술 날짜를 잡고 사전 검사에 들어갔다. 힘들고 어려운 상황이면 인간은 내면에서 솟는 불가항적인 용기와 결심이 생기는 듯 고통을 재우며 인내했다.

  한국엔 보험이 없어 1천5백만 원에서 2천만 원 정도의 경비가 필요하고 입원 수속비 6백만 원을 입금하라니 통증이 심해 돈 걱정은 뒷전이고 빨리 수술만 하면 나을 것 같았다. 베트남도 가야 하고 제주도도 동해안도…. 초겨울의 운치를 다시 만날 기회가 기다리는데 불편한 육신을 가지고는 도루묵이 될 상황이지 않은가. 채혈실에 가 피도 뽑고 CT도 다시 찍고 기본 검진을 마치고 모레 오전에 부러진 뼈를 이어주는 수술만 하면 모두 될 성싶었다. 간신히 집에 와 떠 먹여주는 밥을 먹고 친구가 씻겨주는 샤워를 하고, 꼼짝없이 누워 마음의 밭을 가꾸는 심정으로 참고 견디어 보았다.

  병원에서 급히 오라는 연락이 왔다. 부신에 종양이 있어 정밀검사를 해야 하고 간 수치도 높다 하니 다시 가서 혈액을 채취하였다. 결과는 정밀검사라 빨라야 사나흘씩 걸린다니 그동안 이 통증을 어찌 견디며 만약 검사가 안 좋으면 수술 취소가 될 텐데 난감하기 그지없었다. 가족조차 힘든 병간호를 친구 부부가 도와주니 여러모로 심란하고 미안할 뿐이었다.

미국에 있는 자녀들에게 상황 설명을 하니 지금 공항으로 가서서 수면제랑 진통제 드시고 속히 오시라고 했다. 고국 방문 엿새 만에 누워갈 수 있는 좌석 표를 보내줘 오른쪽 주머니엔 여권을, 왼쪽 주머니엔 휴대폰과 신용카드만 지참하고 약 기운으로 자다 깨다 하면서 LA공항에 도착하였다. 곧바로 담당 의사를 만나 3일 뒤 수술 예약을 하고 다시 검사가 진행되었다. 역시 마취하면 깨어나지 못할 수도 있다는 부신의 종양이 문제였다. 급행 정밀검사를 부탁해주어 다행으로 허가 통지를 받고 오후 늦게 전신 마취를 하고 수술을 마쳤다.

여기서는 보험적용이 되어 모든 치료와 재활 훈련까지 무료로 할 수 있었다. 우리 몸속에 206개의 뼈 중에 하나 부러진 것도 이다지 고통스럽고 괴로워 삶의 질이 떨어지건만, 병원에 있는 그 많은 환자를 생각하니 남의 일 같지 않았다. 인생길에 병고도 사고도 함께 가야 할 반갑지 않은 동반자지만 어쩌겠는가. 서두르지 말고 찬찬히 살펴 가며 문명의 혜택을 받고 치료해가면서 살아가는 노후의 삶이 아니던가.

  올해도 이루지 못한 베트남, 제주도 여행 계획이 아쉽게 느껴진다만 이제 다시 11월에는 한국에 가고 싶지 않으니 어쩌나 싶다.

2024년 11월

10월 말에 행사가 있었지만 11월 초까지 이어졌다. 올해는 한국 오기를 10월 중순 지나왔으니 병고나 사고는 내심 걱정은 안 하려 했다. 일본에 다녀오고 제주살이도 하면서 참새가 방앗간을 그냥 못 지나듯 맛집을 찾다 보니 체중계는 고공행진 기록을 어렵지 않게 갱신했다.

한국 음식은 세계 어디와 견주어도 으뜸이 아닐까 자부한다. 그다지 많은 나라는 가 보지 못했지만 다녀본 20여 개국 중에서 나름대로 최고라고 생각했다. 엄지척 해 주는 외국인을 보면 맛을 아는 사람인 듯싶다. 특히 가을의 먹거리는 햇과일부터 곡식에 이르기까지 향과 맛이 진지한 계절이지 않은가.

모임이 끝난 뒤, 운치 좋은 바닷가를 기대하며 베트남 여행을 떠났다. 푸꾸옥이라는 한국의 제주도 같은 남쪽의 큰 섬이었다. 새로운 관광지는 근래에 유명해진 곳이라 공사가 많아 시끄러운 현장도 종종 있었지만 편하고 좋은 호텔들이 즐비하였다. 넓은 해변을 앞마당같이 쓸 수 있는 리조트는 대체로 깨끗하고 분위기가 있었다. 석양을 바라보며 그네를 타고 모래사장을 맨발로 한참 동안 걸었다. 수평선을 보며 건강한 운동이라 생각하고 모처럼 땀이 나도록 매일 한 바퀴씩 돌고 왔다.

이젠 어디를 가도 편안하게 쉴 수 있는 장소라면 불평이 없다. 여러 곳을 숨 고르며 다니는 것도 몸이 따라주지 않거니와 용기 역시 나지 않는다. 예전에는 한 곳이라도 더 가 보려 무리를 했지만 이제 나잇값을 하나 보다. 아직은 저렴한 가격으로 즐기며 다닐 수 있는 동남아는, 힘들게 사는 사람들도 보게 되지만 행복한 얼굴과 현실을 받아들이는 마음들이 크다. 어쩌다 터무니없는 가격으로 기분을 상하게 하는 때도 있지만 둘러보고 결정하는 시간의 여유도 만들어 보면 좋을 것 같다.

언제나 베트남에 오면 제일 기대되고 좋은 게 마사지이다. 온몸의 긴장과 뭉쳐진 근육을 풀어주는 데는 그만이다. 1시간에 2~3만 원 정도이면 편안하게 치료를 받고 나와 날아갈 듯한 기분이 든다. 가끔 통증이 와서 아프기도 하지만 참으면 낫는다는 마음으로 견디게 된다. 국가에서 장려하며 젊은 사람들을 가르치니 영어로 소통하는 외국인 전용 마사지 가게도 있고 시설도 정결하다. 열흘을 머무르며 아홉 번을 두 집에서 나누어 받았다.

마지막 날, 호텔에서 퇴실을 12시에 하니 늦은 저녁 비행시간까지 여유가 있어 마사지를 받고 떠나려 찾아갔다. 마침 오락가락 내리는 빗줄기 탓으로 곳곳에 물이 고여 있었다. 가게 앞 두 개의 계단을 오르려다 아래 고인 빗물에 미끄러지며 옆으로 넘어졌다. 진탕물에 옷이 젖고 급히 땅을 짚은 오른 손바닥엔 피가 흐르고 손목이 아파 왔다. 건네준 가운을 입고 직원이 내 옷을 대충 세탁하여 말려주었다. 멀쩡하던 육신은 순식간에 통증이 여기저기 찾아와 괴롭히기 시작했다. 가방도 들지 못해 동행한 일행이 내 몫을 거들어 주어야만 했다. 원치 않던 미안한 일이 순간 일어나고 말았다.

　퉁퉁 부어오른 손은 한국에 도착해 찾아간 정형외과의 진단 결과 엄지손가락과 손목뼈 세 군데에 금이 갔노라 했다. 주사를 맞고 깁스를 하고 오른손을 제대로 쓰지 못하게 묶어 놨다. 그동안 전에 다친 손가락과 부러진 빗장뼈로 인해 양쪽 어깨와 손목이 신통치 않았지만 쓸 수 있으니 감사하며 지내왔었다. 오른쪽으로 눕기 힘들어도 버티고 달래가며 살아왔는데 은근히 화가 일어나 참을성에 도전하게 했다. 왜 그럴까? 왜 11월은 나를 아프게 할까?

　왼손으로 식사를 하고 일을 하려니 갑절의 노력과 불편으로 짜증이 겹쳐 감사하던 마음이 차츰 사라졌다. 좋은 생각은 휘발성이 강해 쉽게 날아가나 보다. 그때 노벨 문학상이 한국에서 처음으로 한강 작가가 받는 반갑고 기쁜 소식이 전해졌다. 아파서 외출이 힘들다 보니 『소년이 온다』, 『채식주의자』, 『작별하지 않는다』, 『흰』…. 내가 좋아하는 홍시를 음미하듯 소설의 매력에 헤어나지 못하고 일주일 이상 독서 삼매경에 빠졌다. 아프고 시린 역사의 한 편을 되새기며 좋은 글이 무엇인지 어렴풋이 깨닫는 계기가 되었다. "언어라는 실을 통해 타인의 폐부까지 흘러 들어가 내면을 만나는 경험, 내 중요하고 절실한 질문들을 꺼내 그 실에 실어, 타인들을 향해 전류처럼 흘려 내보내는 경험! 이 경이의 순간들을 되풀이해 경험하고 있었다."는 수상 소감 일부는 내게도 짜릿한 메시지가 되었다. 아픈 만큼 성숙해진 11월이 되었다고 스스로 위로를 하며 긍정적인 경험으로 내일을 기다린다.

 이젠 어디를 가도 편안하게 쉴 수 있는 장소라면 불평이 없다. 여러 곳을 숨 고르며 다니는 것도 몸이 따라주지 않거니와 용기 역시 나지 않는다. 예전에는 한 곳이라도 더 가 보러 무리를 했지만 이제 나잇값을 하나 보다.

2025년 11월

 궁금하다. 아직 만나고 겪지도 않은 미래는 불안감보다 기대가 더 크기 마련이다. 희망을 만들기도 하고 상상의 날개로 무한 날기도 한다. 절대 안 된다는 두려움을 잊으려 태연함을 슬그머니 가져보기도 해 본다. 한계를 넘어 긍정적이고 의미 있는 상황을 그려보면서 나 자신에게 솔직한 두려움이나 불안감은 이유 막론하고 밀쳐내고 싶어진다. 목표와 과제를 선정하고 위해서 최선을 다할 수 있기를 바라본다. 새로운 날들이 다가오면 성취감을 느끼도록 뚜렷한 목표를 만들어 보기로 했다.
 먼저 다시 찾아오지 않을 오늘에 최선을 다하며 살고 싶다. 약해지는 마음과 육신을 인정하며 받아들이련다.

불현듯 찾아오는 지난날의 고통과 좌절, 후회뿐인 삶에 얽매이지 않고 부딪치는 세월에 감사하며 진지한 생각을 가져본다. 가치를 갖고 열심을 다 했던 시간을 꺼내어 보며 성숙한 나이를 더하고 싶다. 좋은 생각을 심고 여유 있는 열매를 거두리라. 끊임없이 생성되는 많은 생활 속에서 일상은 교육이고 배움이 어우러져야 할 것이다. 부티를 내지 말고 귀티를 내라는 말씀이 기억난다. "일상과 행동에서 퍼져나오는 세련됨을 매력으로 알라." 하신 말씀 역시 기억난다. 실력과 능력이 어우러진 습관 속에 자연스러운 세련됨을 깨닫게 해주신 선생님을 만나뵙고 싶다.

   3개월 남은 11월은 지금처럼 무덥지 않을 것이다. 올 여름은 유난히 덥고 습해서 모처럼 모인 우리 가족들이 지치도록 고생을 하고 미국으로 돌아갔다. 피신 갔던 베트남도, 제주도도 역시 더워 우린 남극과 북극의 추위와 얼음 얘기를 자주 하면서 아이스크림을 질리도록 먹어보았다. 손주들의 여름방학이 이때니 도리 없는 현실이었다.

이제 무더운 계절이 지나고 가을이 오면 친구 집 마당의 감과 사과와 밤, 호두도 수확을 끝내고 내 몫을 마련해 주리란 생각을 한다. 아마 농사지은 쌀도 한 말은 장만해 놓을 것이다. 고춧가루, 마늘, 깨소금, 들기름, 참기름… 양념들도 준비해 주겠지. 조촐하게 농사짓는 친구가 있는 한국은 더불어 비빌 언덕 같은 소지가 있어 감사하고 든든하다.

아마 올해가 다 가기 전, 내 살림살이가 기다리는 LA 집으로 돌아가게 될 것이다. 고국에서 8개월의 삶을 마무리하고 자녀들이 기다리는 곳으로 가면 어떻게 될까. 어디인들 못 살 곳도 없고 머무르지 않을 데도 없을 것이다.

생각과 방법이 즐비하면 결정이 힘들어지고 처음의 사랑이 식어간다. 행복의 비결은 자기 자신에게 불필요한 것을 삭제하는 일일 것 같다. 필요와 불필요의 사이에서 잘라 나누고 자기 억제에 순위를 두어야 하지 않을까. 겉치레적인 소유욕과 사치 욕에서 벗어나는 일도 중요한 일이라 생각해 본다.

올가을엔 매일 수 없이 쏟아져 나오는 저작물 중에 내 책도 있으리라. 얼마 지나지 않아 자취를 감추고 마는 출판물 중의 하나일 수도 있겠지만 후회는 없다. 개인적인 나의 작은 성취로 만족하며 순간에 최선을 다한 결과로 위안과 위로를 받는다.

올해의 목표를 달성하고 새로운 기대를 만들며 내 가족과 이웃에게 감사한 마음을 담아 시작한 일이 마무리되니 안도감을 느낀다. 긍정의 힘과 작은 자신감이 이루어진 올 11월은 다른 때와 다르다. 넘어지지 않고 다치지 않도록 조심하며 내 약한 육신을 잘 다스릴 것이다. 언젠가 다시 돌아올 내년 11월을 바라보며 새옹지마라는 인생을 관망하며 정갈한 마음으로 기다려 본다.

김성옥 수필집
사람의 향기

2025년 9월 30일 초판 1쇄 발행

지은이 김성옥 ｜ 펴낸이 김은영 ｜ 펴낸곳 북나비
출판신고 2007년 11월 29일 제380-2007-00056호
주소 04992 서울시 광진구 자양로9길 32 4층(자양동)
전화 (02)903-7404, 팩스 02-6280-7442
booknavi@hanmail.net
블로그 www.booknavi.co.kr

ⓒ 김성옥 2025
ISBN 979-11-6011-165-1 03810

※ 이 책의 저작권은 저자에게 있으며 출판권은 북나비에 있습니다.
※ 이 책의 전부 또는 일부를 이용하시려면 저작권자와 북나비의 동의를 받아야 합니다.
※ 책값은 뒤표지에 있습니다. 잘못된 책은 바꾸어 드립니다